어디서나 쉽게 찾아볼 수 있는 **왕초보** 회화

한글만 알면 **누구나** 바로 **말 할수** 있다!
여행 **일본어 회화**

사사연 어학연구소

한귀에 쏙 들어오는
여행 일본어 회화

6판 인쇄 | 2018년 10월 20일
6판 발행 | 2018년 10월 25일
초판 발행 | 2015년 1월 20일

지은이 | 사사연 어학연구소
대 표 | 장삼기
펴낸이 | 신지현
펴낸곳 | 도서출판 사사연

등록번호 | 제10-1912호
등록일 | 2000년 2월 8일
주소 | 서울시 강서구 강서로 15길 139, A동 601
전화 | 02-393-2510, 010-4413-0870
팩스 | 02-393-2511

인쇄 | 성실인쇄
제본 | 동신제책사
홈페이지 | www.ssyeun.co.kr
이메일 | ssyeun@naver.com

임시특가 9,000원
ISBN 979-11-952501-2-7 13730
✱ 잘못 만들어진 책은 바꿔 드립니다.

머리말

일본어는 영어, 중국어와 더불어 우리에게 가장 쓰임새가 많은 언어로, 많은 사람들이 취업, 학업, 사업, 여행, 취미 등 다양한 목표를 가지고 일본어를 공부하고 있습니다.

일본어를 배우는 사람들은 처음에는 우리말고 비슷한 어순, 유사한 발음의 단어들에 쉬운 언어라 생각하여 재미를 붙이지만, 한자가 나오고 어려운 문법들이 나오기 시작하면 이내 흥미를 잃고 중도 포기하는 경우가 많습니다.

그러다보니, 일본어를 공부하는 또한 공부했던 사람들에 비해 실제로 일본어로 자연스러운 대화가 가능한 사람은 많지 않습니다.

또한 독해와 문법위주의 학습으로 인하여, 읽고 이해하는 데에는 어느 정도 수준에 오른 사람들도 상대적으로 대화에는 서툰 경우를 많이 봅니다.

나중에 보면 다 아는 표현이었는데도 실제 대화에서 순간적으로 적절한 표현이 잘 생각나지 않아 답답한 것입니다.

그럼 어떻게 하면 흥미를 잃지 않고 일본어 회화를 잘 할 수 있을까요?

어린 아이가 처음 우리 말을 배울 때를 생각해 봅시다.

글자나 문법을 배우지 않고 듣고 말하는 것부터 시작합니다.

수백번 들은 표현부터 하나씩 말하며, 같은 표현을 반복하여 이야기 합니다. 언어 학습이 어느 정도 궤도에 오르면 아는 말을 조합하여 문장을 만들고 한 두번 들은 표현도 기억하여 사용할 수 있게 됩니다.

외국어도 마찬가지 입니다.

반복하여 듣고 말하는 것부터 시작해야 합니다.

수많은 반복 훈련을 통해 반사적으로 상황에 적합한 단어 표현이 나올 수 있어야 합니다.

이 책의 구성과 특징은 다음과 같습니다.
1. 한글만 알면 누구나 바로 회화가 가능하도록 문장에 한글로 일본어 발음을 표기하였습니다. 처음에는 한글을 보고 읽다가 문장이 외워지면 한글을 가리고 발음하는 연습을 반복하세요.
2. 주제별, 상황별로 구성하여 본인이 평소에 궁금했거나 지금 필요한 표현을 쉽고 빠르게 찾을 수 있도록 하였습니다.
   이러한 구성을 무조건 처음부터 보는 것보다 학습의 흥미를 유지하는 데 도움을 줄 것입니다.
3. 교과적 표현보다는 일상 생활에서 가장 많이 쓰이는 자연스러운 표현을 설명하여 수록하였습니다.

이 책과 함께 반복하여 훈련하는 연습을 꾸준히 한다면, 빠른 시간내에 일본어 회화의 기초 체력을 튼튼히 하실 수 있을 것입니다.

차례

히라가나   8

Part 1. **기본표현**

    1. 일상적인 인사   22
    2. 처음 만났을 때의 인사   25
    3. 오랜만에 만났을 때   28
    4. 소개할 때   32
    5. 헤어질 때 인사   36
    6. 만남을 기약할 때   39
    7. 감사의 인사   41
    8. 감사에 대한 응답   45
    9. 사과의 표현   47
    10. 사과에 대한 응답   50
    11. 용서를 구할 때   53
    12. 축하할 때   55
    13. 환영할 때   57
    14. 기원할 때   59
    15. 칭찬할 때   60

Part 2. **해외여행** 기내에서

    1. 좌석 찾기   64
    2. 기내 서비스   67
    3. 불편호소와 궁금할 때   70

Part 3. 입국

1. 입국심사   74
2. 짐을 찾을 때   77
3. 세관검사   80
4. 환전할 때   83
5. 시내로 이동   85

Part 4. 숙박

1. 호텔 찾기   90
2. 체크인   94
3. 룸서비스   97
4. 서비스 시설을 이용할 때   100
5. 문제가 발생했을 때   103
6. 일정변경   106
7. 체크아웃   109

Part 5. 관광

1. 관광안내소에서   114
2. 관광하기   118
3. 긴급 상황   122
4. 분실이나 도난을 당했을 때   125

Part 5. 귀국

1. 항공권 예약   130
2. 예약확인과 변경   133
3. 탑승수속   136

Part 7. 식사

1. 식당을 찾을 때   140
2. 식당예약   143

3.	자리배정	146
4.	식사주문	149
5.	식사하면서	152
6.	식당에서의 트러블	155
7.	술집에서	158
8.	계산할 때	162
9.	페스트푸드점에서	165

Part 8. 쇼핑

1. 가게를 찾을 때 170
2. 물건을 찾을 때 173
3. 옷을 구입할 때 176
4. 가격흥정과 계산할 때 180
5. 포장과 배송 183
6. 교환과 환불을 원할 때 186

Part 9. 교통

1. 길 묻기 190
2. 버스를 이용할 때 193
3. 지하철을 이용할 때 197
4. 열차를 이용할 때 200
5. 택시를 이용할 때 204
6. 렌터카를 이용할 때 207
7. 자동차를 이용할 때 210
8. 주유소에서 212
9. 카센터에서 214

단어 217

히라가나

	あ段	い段	う段	え段	お段
あ行	あ 아 [a]	い 이 [i]	う 우 [u]	え 에 [e]	お 오 [o]
か行	か 카 [ka]	き 키 [ki]	く 쿠 [ku]	け 케 [ke]	こ 코 [ko]
さ行	さ 사 [sa]	し 시 [si]	す 스 [su]	せ 세 [se]	そ 소 [so]
た行	た 타 [ta]	ち 치 [ti]	つ 츠 [tu]	て 테 [te]	と 토 [to]
な行	な 나 [na]	に 니 [ni]	ぬ 누 [nu]	ね 네 [ne]	の 노 [no]
は行	は 하 [ha]	ひ 히 [hi]	ふ 후 [hu]	へ 헤 [he]	ほ 호 [ho]
ま行	ま 마 [ma]	み 미 [mi]	む 무 [mu]	め 메 [me]	も 모 [mo]
や行	や 야 [ya]		ゆ 유 [yu]		よ 요 [yo]
ら行	ら 라 [ra]	り 리 [ri]	る 루 [ru]	れ 레 [re]	ろ 로 [ro]
わ行	わ 와 [wa]				を 오 [wo]
ん行	ん 응 [ŋ]				

가타카나

	ア段	イ段	ウ段	エ段	オ段
ア行	ア 아 [a]	イ 이 [i]	ウ 우 [u]	エ 에 [e]	オ 오 [o]
カ行	カ 카 [ka]	キ 키 [ki]	ク 쿠 [ku]	ケ 케 [ke]	コ 코 [ko]
サ行	サ 사 [sa]	シ 시 [si]	ス 스 [su]	セ 세 [se]	ソ 소 [so]
タ行	タ 타 [ta]	チ 치 [ti]	ツ 츠 [tu]	テ 테 [te]	ト 토 [to]
ナ行	ナ 나 [na]	ニ 니 [ni]	ヌ 누 [nu]	ネ 네 [ne]	ノ 노 [no]
ハ行	ハ 하 [ha]	ヒ 히 [hi]	フ 후 [hu]	ヘ 헤 [he]	ホ 호 [ho]
マ行	マ 마 [ma]	ミ 미 [mi]	ム 무 [mu]	メ 메 [me]	モ 모 [mo]
ヤ行	ヤ 야 [ya]		ユ 유 [yu]		ヨ 요 [yo]
ラ行	ラ 라 [ra]	リ 리 [ri]	ル 루 [ru]	レ 레 [re]	ロ 로 [ro]
ワ行	ワ 와 [wa]				ヲ 오 [wo]
ン行	ン 응 [ŋ]				

일본어 문자와 발음

일본어 문자는 특이하게 한자(漢字)와 히라가나(ひらがな), 가타카나(カタカナ)를 병행하여 사용하고 있으며, 히라가나와 가타카나를 합쳐서 가나(かな) 문자라 한다. 또한 중국의 한자에 뿌리를 둔 표음문자이다.

❈ 히라가나(ひらがな)

일본 문장을 표기할 때 일반적으로 가끔 많이 쓰이는 기본문자로 이해하기 쉽도록 한자를 사용하기도 한다. 히라가나를 모르면 일본어는 읽을 수도, 쓸 수도 없다.

❈ 가타카나(カタカナ)

한자의 일부분을 따거나 획을 간단히 한 문자로 헤이안(9세기 경) 시대부터 스님들이 불경강독을 들을 때 그 발음을 표기하기 위하여 쓰여진 문자로 외래어, 전보문, 의성어 등 어려운 한자로 표기해야 할 동식물의 명칭이나 특별히 주의를 환기시킬 때 주로 쓰인다.

❈ 일본 한자(漢字)

일본 한자는 일반 국민을 위한 사용의 기준으로 내각고시로 내정된 상용한자(常用漢字) 1945자를 사용하고 있다.

한자의 읽기는 음독(音読)과 훈독(訓読)이 있으며, 우리와는 달리 읽는 방법이 다양하다. 또한 일본식 약자를 사용하기 때문에 우리가 쓰는 정자(正字)로 쓰면 안 된다.

❖ 오십음도(五十音図)

히라가나와 가타카나를 합쳐서 가나(かな)라고 한다.

이것들을 일정한 순서로 다섯 개씩 10행으로 배열한 것을 오십음도라고 한다.

표를 가로로 보는 것을 행이라 하고, 행은 자음에 의해 나누어지는 것이고, 표를 세로로 보는 것을 단이라, 하고 단은 모음에 의해 분류되는 것이다.

일본어의 발음

일본 한자를 읽을 때는 우리말처럼 음으로만 읽지 않고 음독과 훈독을 섞어서 읽는 방법이 있다.

1. **음독**: 중국문자인 한자를 발음 그대로 따라 일본어 발음으로 읽는 방법이다.
2. **훈독**: 한자의 뜻을 새겨서 일본어 발음으로 읽는 것이다.
   또한 1자당 한 가지로만 읽는 것이 아니라, 여러 가지로 읽을 수가 있다.
3. **음과 훈을 섞어서 읽을 때**
   한자 두 글자로 되어있는 단어를 읽을 때는 첫 글자는 음독, 뒤의 글자는 훈독으로 읽는 경우와, 반대로 첫 글자는 훈독, 뒤의 글자는 음독으로 섞어 읽는 방법이 있다.
4. 일본어 억양의 특징은 반드시 단어의 첫번째 음절과 두 번째 음절의 높낮이가 다르다는 것이다. 즉, 높은 소리로 시작하면 그 다음 소리는 반드시 억양이 떨어지고, 낮은 소리로 시작하면 그 다음 소리는 반드시 높여야 한다.
   그리고 한 번 떨어진 억양은 같은 단어 안에서는 다시 올라가는 일이 없다.
5. **띄어쓰기** : 일본어로 서예의 한문문장처럼 우측에서 좌측으로 내려쓰기가 원칙이다.
   문장을 붙여 쓰고 있으며 적절하게 쉼표나 마침표 등을 넣는다.

또는 느낌표나 물음표 등도 원칙적으로 표기하지 않으며, 전후 문맥을 통하여 의미가 구분되고 쓰임에 따라 한자 읽기 방법도 결정된다.

1. 청음(清音)

오십음도에서 ん을 제외한 각 음절의 가나에 탁점을 붙이지 않는 글자로 밝은 소리가 나는 음으로서 모음, 반모음, 자음이 있다.

1) あ행은 우리말의 [아, 이, 우, 에, 오]와 거의 같은 발음이고 う는 [우]와 [으]의 중간발음으로 입술을 자연스러운 상태에서 발음한다.

あ	い	う	え	お
ア	イ	ウ	エ	オ
아 [a]	이 [i]	우 [u]	에 [e]	오 [o]

2) か행은 [ㄱ]과 [ㅋ]의 중간발음으로 단어의 첫머리에 올 때는 [가, 기, 구, 게, 고]와 비슷하고, 단어의 중간이나 끝에 올 때는 [까, 끼, 꾸, 께, 꼬]로 발음한다.

か	き	く	け	こ
カ	キ	ク	ケ	コ
카 [ka]	키 [ki]	쿠 [ku]	케 [ke]	코 [ko]

3) さ행은 우리말의 [사, 시, 스, 세, 소]와 발음이 같다.

し의 발음은 [쉬]에 가까운 [시]로 발음하고, す는 [수]와 [스]의 중간음으로 [스]에 가깝게 발음한다.

さ	し	す	せ	そ
サ	シ	ス	セ	ソ
사 [sa]	시 [si]	스 [su]	세 [se]	소 [so]

4) た행의 た, て, と는 [ㄷ]과 [ㅌ]의 중간발음으로 단어의 첫머리에 올 때도 [다, 데, 도]로 발음하고 중간이나 끝에 올 때는 [따, 떼, 또]

로 발음한다.

"ち"는 [치]에 가까운 발음이지만, 두 번째 음절에 오면 [찌]로 발음하고 "つ"는 [쯔]와 [츠]의 중간음으로 [쓰]에 가깝게 발음한다.

た	ち	つ	て	と
タ	チ	ツ	テ	ト
타 [ta]	치 [chi]	츠 [tsu]	테 [te]	토 [to]

5) な행의 발음은 [나, 니, 누, 네, 노]라고 발음한다.

な	に	ぬ	ね	の
ナ	ニ	ヌ	ネ	ノ
나 [na]	니 [ni]	누 [nu]	네 [ne]	노 [no]

6) は행의 발음은 우리말의 [ㅎ]음과 발음이 거의 같다. ふ는 [후]와 [흐]의 중간음으로 자연스러운 상태에서 발음한다.

は	ひ	ふ	へ	ほ
ハ	ヒ	フ	ヘ	ホ
하 [ha]	히 [hi]	후 [hu]	헤 [he]	호 [ho]

7) "ま"행의 발음은 우리말의 [마, 미, 무, 메, 모]와 같다.

ま	み	む	め	も
マ	ミ	ム	メ	モ
마 [ma]	미 [mi]	무 [mu]	메 [me]	모 [mo]

8) や행의 발음은 우리말의 [야, 유, 요]와 발음이 같고 반모음으로 쓰인다.

や		ゆ		よ
ヤ		ユ		ヨ
야 [ya]		유 [yu]		요 [yo]

9) "ら"행의 발음은 우리말의 [ㄹ]과 거의 같다. [라, 리, 루, 레, 로]로 발음한다.

ら	り	る	れ	ろ
ラ	リ	ル	レ	ロ
라 [ra]	리 [ri]	루 [ru]	레 [re]	로 [ro]

10) "わ"행의 발음은 우리말의 [와, 오]와 발음이 같다.

단 を는 あ행의 お와 발음이 같지만, 단어에는 쓰이지 않고 우리말의 [-을, -를]처럼 조사로만 쓰인다.

わ		ん		を
ワ		ン		ヲ
와 [wa]		응 [n,m,ng]		오 [wo]

2. 탁음(濁音)

か, さ, た, は행의 오른쪽 윗부분에 「 ゛」를 붙인 음으로 청음에 비해 탁한 소리로 말한다.

が ガ	ぎ ギ	ぐ グ	げ ゲ	ご ゴ
가 [ga]	기 [gi]	구 [gu]	게 [ge]	고 [go]
ざ ザ	じ ジ	ず ズ	ぜ ゼ	ぞ ゾ
자 [za]	지 [ji]	즈 [zu]	제 [ze]	조 [zo]
だ ダ	ぢ ヂ	づ ヅ	で デ	ど ド
다 [da]	지 [ji]	즈 [zu]	데 [de]	도 [do]
ば バ	び ビ	ぶ ブ	べ ベ	ぼ ボ
바 [ba]	비 [bi]	부 [bu]	베 [be]	보 [bo]

3. 반탁음(半濁音)

は행의 오른쪽 위에 반탁점 「 ゜」을 찍은 음으로 ぱ, ぴ, ぷ, ぺ, ぽ가 단어 첫머리에 오면 [ㅍ]음이 되지만, 단어 중간이나 끝에 올 때는 [ㅃ] 발음이 된다.

단, 의성어나 외래어 등에 쓰일 때는 첫머리나 중간, 끝에 와도 [ㅃ]

음으로 소리 난다.

ぱ パ	ぴ ピ	ぷ プ	ぺ ペ	ぽ ポ
파 [pa]	피 [pi]	푸 [pu]	페 [pe]	포 [po]

4. 요음(拗音)

い단음인 き, し, ち, に, ひ, み, り, ぎ, じ, ぢ, び, ぴ 뒤에 반모음인 「や, ゆ, よ」를 작게 표기하여 한 음절로 발음하고, 복합음으로 우리말의 [ㅑ, ㅠ, ㅛ]와 같은 역할로 한자 어휘나 외래어에 주로 쓰인다.

요음을 발음할 때는 장음이 되지 않게 짧게 끊어서 발음해야 한다.

ひらがな(히라가나)			カタカナ(가타카나)		
きゃ	きゅ	きょ	キャ	キュ	キョ
캬 [kya]	큐 [kyu]	쿄 [kyo]	캬 [kya]	큐 [kyu]	쿄 [kyo]
しゃ	しゅ	しょ	シャ	シュ	ショ
샤 [sya]	슈 [syu]	쇼 [syo]	샤 [sya]	슈 [syu]	쇼 [syo]
ちゃ	ちゅ	ちょ	チャ	チュ	チョ
챠 [cya]	츄 [chu]	쵸 [cyo]	챠 [cya]	츄 [chu]	쵸 [cyo]
にゃ	にゅ	にょ	ニャ	ニュ	ニョ
냐 [nya]	뉴 [nyu]	뇨 [nyo]	냐 [nya]	뉴 [nyu]	뇨 [nyo]
ひゃ	ひゅ	ひょ	ヒャ	ヒュ	ヒョ
햐 [hya]	휴 [hyu]	효 [hyo]	햐 [hya]	휴 [hyu]	효 [hyo]
みゃ	みゅ	みょ	ミャ	ミュ	ミョ
먀 [mya]	뮤 [myu]	묘 [myo]	먀 [mya]	뮤 [myu]	묘 [myo]
りゃ	りゅ	りょ	リャ	リュ	リョ
랴 [rya]	류 [ryu]	료 [ryo]	랴 [rya]	류 [ryu]	료 [ryo]
ぎゃ	ぎゅ	ぎょ	ギャ	ギュ	ギョ
갸 [gya]	규 [gyu]	교 [gyo]	갸 [gya]	규 [gyu]	교 [gyo]
じゃ	じゅ	じょ	ジャ	ジュ	ジョ
쟈 [zya]	쥬 [zyu]	죠 [zyo]	쟈 [zya]	쥬 [zyu]	죠 [zyo]

びゃ	びゅ	びょ	ビャ	ビュ	ビョ
뱌 [bya]	뷰 [byu]	뵤 [byo]	뱌 [bya]	뷰 [byu]	뵤 [byo]
ぴゃ	ぴゅ	ぴょ	ピャ	ピュ	ピョ
퍄 [pya]	퓨 [pyu]	표 [pyo]	퍄 [pya]	퓨 [pyu]	표 [pyo]

5. 발음(撥音)

발음 「ん」은 단어의 첫머리에 올 수 없으며, 비음(鼻音)으로 다른 글자 밑에서 받침으로 사용하며, 음절의 길이를 갖는 것이 특징이다. ん도 다음에 오는 글자에 따라 ㄴ, ㅁ, ㅇ 로 발음한다.

① ㄴ(n) 으로 발음하는 경우

「さ, ざ, た, だ, な, ら」행의 글자 앞에서는 「ㄴ」으로 발음한다.

かんし	なんじ	はんたい	こんにち
칸시	난지	한따이	곤니찌

② ㅁ(m) 으로 발음하는 경우

ま, ば, ぱ행의 글자 앞에 올 때에는 「ㅁ」으로 발음한다.

あんま	けんぶつ	てんぷら	きんむ
암마	겜부쯔	뎀뿌라	김무

③ ㅇ(ng) 으로 발음되는 경우

「か, が, あ, や, わ」행의 글자 앞에서는 「ㅇ」으로 발음한다.
또한 단어의 끝에서도 「ㅇ」으로 발음한다.

れんあい	えんき	ほんや	にほん
렝아이	엥끼	홍야	니홍

6. 촉음(促音)

つ를 っ 처럼 작은 글자로 표기해서 받침으로만 쓰인다. 막힌 소리로 하나의 음절을 갖고 있으며, 뒤에 오는 글자에 따라 ㄱ, ㅅ, ㄷ, ㅂ 등으로 발음한다.

① ㄱ(k)으로 발음하는 경우

か행의 글자 앞에서는 「ㄱ」으로 발음한다.

けっか	そっくり
객까	속꾸리

② ㅅ(s)으로 발음하는 경우

さ행의 글자 앞에서는 「ㅅ」으로 발음한다.

ざっし	いっさつ
잣시	잇사쯔

③ ㄷ(t)으로 발음하는 경우

た행의 글자 앞에서는 「ㄷ」으로 발음한다.

まったく	きって
맏따꾸	긴떼

④ ㅂ(p)으로 발음하는 경우

ば行의 글자 앞에서는 「ㅂ」으로 발음한다.

きっぷ	しっぱい
깁뿌	십빠이

7. 장음(長音)

장음이란 모음이 중복될 때 앞의 발음을 길게 발음하는 것을 말하며, 장음에 쓰이는 글자는 あ, い, う, え, お의 다섯 글자이다.

음의 장단에 따라 그 의미가 달라지는 경우가 있으므로 주의해야 한다.

가타카나에서는 장음 부호로 「ー」로 표기한다.

① あ단 글자 다음에 모음 あ를 덧붙여 쓸 때

おばあさん	おかあさん	うわあ
오바-상	오까-상	우와-

② い단 글자 다음에 모음 い를 덧붙여 쓸 때

おじいさん	おにいさん	おそろしい
오지-상	오니-상	오소로시-

③ う단 글자 다음에 모음 う를 덧붙여 쓸 때

しゅうい	くうき	ふうふ
슈-이	구-끼	후-후

④ え단 글자 다음에 모음 え나 い를 덧붙여 쓸 때

おねえさん	えいが	けいぎい
오네-상	에-가	게-자이

⑤ お단 글자 다음에 모음 お나 う를 덧붙여 쓸 때

おとうさん	こおり	とおい
오또-상	고-리	도-이

01
기본표현

01 일상적인 인사

◆ 안녕하십니까?(아침)

おはようございます。
오하요-고자이마스

◆ 안녕하세요(낮)

こんにちは。
곤니찌와

◆ 안녕하세요(저녁)

こんばんは。
곤방와

◆ 안녕히 주무세요.

お休みなさい。
오야스미 나사이

◆ 잘 자

お休み。
오야스미
※ 가족 및 친구간의 가벼운 인사표현이다.

◆ 잘 지내십니까?

お元気ですか。
오겡끼 데스까

◆ 덕분에 잘 지냅니다. 당신은요?

おかげさまで 元気です。あなたの ほうは。
오까게 사마데 겡끼데스. 아나따노 호-와

◆ 요즘은 어때?

調子は どう。
죠-시와 도-

◆ 그럭저럭

まあまあだよ。
마-마-다요

◆ 별일 없으신가요?

お変わり ありませんか。
오까와리 아리마셍까

◆ 잘 지내고 있어요

元気で やってるよ。
겡끼데 얏떼루요

◆ 무슨 일 있어?

どうしてる。
도-시 떼루

◆ 별일 없어

別に 何も。
베쓰니 나니모

◆ 지금 어디 가나요?

今、どこへ。
이마 도꼬에

◆ 여긴 왠일이세요?

ここには、どのようなご用でしょうか。
고꼬니와 도노요-나 고요-데쇼-까

◆ 친구를 기다리고 있는 중입니다.

友人を待っている所です。
유-징오 맛떼이루 도꼬로데스

◆ 여전히 바쁘니?

相変わらず忙しいの。
아이 가와라즈 이소가시-노

◆ 예전만큼은 아니야.

前ほどではないよ。
마에호도데와 나이요

◆ 무슨 좋은 일이라도 있어요?

何かいいことでもあるんですか。
낭까 이- 고또데모 아룬데스까

◆ 좋아보인다.

元気そうだね。
겡끼소-다네

◆ 사업은 잘 되십니까?

事業はうまくいっていますか。
지교-와 우마꾸 잇떼 이마스까

◆ 날씨가 좋네요.

いい天気ですね。
이- 뎅끼 데스네

 처음 만났을 때의 인사

◆ 처음 뵙겠습니다.

はじめまして。
하지메마시떼

◆ 제 소개를 하겠습니다.

自己紹介を させて ください。
지꼬쇼-까이오 사세떼 구다사이

◆ 안녕하세요, 홍길동입니다.

こんにちは。ホンギルドンです。
곤니찌와, 홍길동데스

◆ 만나서 반갑습니다.

お会いでき、うれしいです。
오아이데끼 우레시-데스

◆ 만나뵙게 되어 영광입니다.

お会いでき、光栄です。
오아이데끼, 고-에이데스
※ 우리말에서는 榮光이라 하지만 일본에서는 반대로 光榮이라고 한다.

◆ 만나 뵙기를 고대했습니다.

お会いすることを 楽しみに していました。
오아이스루 고또오 다노시미니 시떼 이마시따.

◆ 늘 만나 뵙고 싶었습니다.

ずっと お会いしたいと 思っていました。
좃또 오아이 시따이또 오못떼 이마시따

◆ 전에 만난 적이 있는 것 같은데요.

以前、お会いした ことが あると 思います。
이젠, 오아이시따 고또가 아루또 오모이마스

◆ 아니오, 없는 것 같은데요.

いいえ、ないと 思います。
이-에, 나이또 오모이마스

◆ 말씀은 그전부터 많이 들었습니다.

おうわさは かねがね うかがって おりました。
오우와사와 가네가네　　　우까갓떼 오리마시다

◆ 성함만은 알고 있었습니다.

お名前だけは 知って おりました。
오나마에다께와 싯떼 오리마시따.

◆ 만나서 반갑습니다.

お会いできて うれしいです。
오아이데끼떼 우레시-데스

◆ 당신과 전화로 통화한 적이 있습니다.

あなたとは 電話で お話しした ことが あります。
아나 따또와 뎅와데 오하나시시따 고또가 아리마스

◆ 네, 기억하고 있습니다.

ええ、覚えています。
에에, 오보에떼이마스

◆ 당신을 알고 있습니다만 이름은 잊었습니다.

あなたを 知っていますが、お名前を 忘れました。
아나따오 싯떼 이마스가　　　　　　오나마에오 와스레마시다

◆ 성함이 뭐라고 하셨죠?

お名前が 何と おっしゃいましたか。
오나마에가 난또 옷샤이마시다까

◆ 요시다라고 합니다.

吉田と 申します。
요시다또 모-시마스

◆ 당신 이름이 귀에 익네요.

聞き覚えの ある お名前です。
기끼오보에노 아루 오나마에데스

◆ 여동생은 늘 당신에 대해 말한답니다.

妹は いつも あなたの ことを 話しているんですよ。
이모-또와 이쓰모 아나따노 고또오 하나시떼 이룬데스요

◆ 마침내 만나게 되어서 기쁩니다.

やっと お会いできて とても うれしいです。
얏또 오아이데끼떼　　　　　도떼모 우레시-데스

03 오랜만에 만났을 때

◆ 야아, 오랜만이야.

やあ、久しぶり。
야 히사시부리

◆ 응, 만나서 반가워.

うん、会えて うれしいよ。
웅   아에떼 우레시-요

◆ 참 오랫만이군요.

本当に 久しぶりですね。
혼또-니 히사시부리데스네

◆ 뵙고 싶었습니다.

お会いしたかったんです。
오아이시다깟 딴 데스

◆ 오랜만이군요.

お久しぶりですね。
오히사시 부리데스네

◆ 전혀 안 변했구나.

ぜんぜん 変わらないね。
젠젱   가와라나이네

※상당히 오랜만에 만났을 때 하는 인사말.

◆ 오랫만이군요.

しばらくぶりですね。
시바라꾸 부리데스네
※잠깐동안 헤어졌다가 만났을 때 하는 인사말.

◆ 오랫동안 소식을 못드렸어요.

ごぶさたしました。
고부사따 시마시따

◆ 이게 몇 년만인가요?

やあ、何年ぶりですか。
야ー, 난넨부리데스까

◆ 너를 본 지 10년만이야.

君に 会うのは 10年ぶりだよ。
기미니아우노와 쥬ー넨부리다요

◆ 전화라도 드린다면서 그만 소식을 못드려 죄송합니다.

電話でもと 思いながら、つい ごぶさたして ごめんなさい。
뎅와데모또 오모이나가라 쓰이 고부사따시떼 고멘나사이

◆ 마지막으로 본 게 언제지?

前に 会ったのは いつだっけ。
마에니 앗따노와 이쓰닷께

◆ 몇 년 전인 것 같은데.

何年か 前だったと 思うよ。
난넹까 마에닷따또 오모우요

29

◆ 다시 만나게 되어 기뻐요.
再び お会いでき、うれしいです。
후다따비 오아이데끼 우레시-데스

◆ 건강은 어떠세요?
お加減は いかがですか。
오가겡와 이까가데스까

◆ 건강하게 지내고 있습니다.
元気で 過ごしています。
겡끼데 스고시떼 이마스

◆ 뭐하며 지냈니?
何やっていたの。
나니 얏떼 이따노

◆ 일이 아주 바빴어요.
仕事が とても 忙しかったのです。
시고또가 도떼모 이소가시깟따노데스

◆ 하나도 변하지 않으셨네요.
ちっとも 変わって いませんね。
짓또모 가왓떼 이마센네

◆ 건강해 보이시네요.
元気そうですね。
겡끼소-데스네

◆ 너 참 많이 변했다.
あなた、本当に 変わったね。
아나따, 혼또-니 가왓따네

◆ 어디에 가 있었니?

どこに 行^いって いたの。
도꼬니 잇떼 이따노

◆ 잠시 떠나 있었어.

しばらく 留守^{るす}にして いたんだ。
시바라꾸 루스니시떼이딴다

◆ 요즘 일은 어떠세요?

最近^{さいきん}、お仕事^{しごと}は いかがですか。
사이낑 오시고또와 이까가데스까

◆ 그럭저럭 해 나가고 있어.

何^{なん}とか やってるよ。
난또까 얏떼루요

◆ 새로 하는 일은 어때요?

新^{あたら}しい お仕事^{しごと}は いかがですか。
아따라시- 오시고또와 이까가데스까

◆ 그저 그렇습니다.

まあまあです。
마-마-데스

◆ 여전하시네요.

相変^{あいか}わらずですね。
아이가와 라즈데스네

04 소개할 때

◆ 잠깐 제 소개좀 하겠어요.

ちょっと 自己紹介を させてください。
춋또 지꼬쇼-까이오 사세떼 구다사이

◆ 저는 다나카입니다.

私は 田中です。
와따시와 다나까데스

◆ 처음 뵙겠습니다. 야마노 하루코라고 합니다.

はじめまして。山野春子と 申します。
하지메마시떼 야마노 하루꼬또 모-시마스

◆ 처음 뵙겠습니다. 잘 부탁드립니다.

はじめまして。どうぞ よろしく お願いします。
하지메마시떼 도-조 요로시꾸 오네가이시마스

◆ 말씀은 전부터 많이 들었습니다.

おうわさは かねがね うかがって おりました。
오우와사와 가네가네 우까갓떼 오리마시다

◆ 늘 가까이에서 뵙고 싶었습니다.

いつも お近づきに なりたいと 思っていました。
이쓰모 오지까즈끼니 나리따이또 오못떼 이마시다

◆ 어디서 만난 적이 없습니까?

どこかで お会いした ことは ありませんか。
도꼬까데 오아이시따 고또와 아리마셍까

◆ 당신과는 처음인 것 같은데요.

あなたとは 初めてだと 思いますが。
아나따또와 하지메떼다또 오모이마스가

◆ 아니뇨, 없는 것 같은데요.

いいえ、ないと 思うよ。
이-에 나이또 오모우요

◆ 죄송합니다. 다른 사람으로 착각했습니다.

すみません、別の人と 間違えて しまいました。
스미마셍 베쯔노 히도또 마찌가에떼 시마이마시다

◆ 두 분 서로 인사 나눴던가요?

お互いに ご挨拶されましたか。
오따 가이니 고아이사쯔 사레마시다까

◆ 제 친구를 소개할까요?

私の 友達を 紹介しましょうか。
와따시노 도모다찌오 쇼-까이시 마쇼-까

◆ 이쪽은 서울에서 온 김군입니다.

こちらは ソウルから 来た キム君です。
고찌라와 소우루까라 기따 기무꾼데스

◆ 네, 부탁합니다.

はい、お願いします。
하이, 오네가이시마스

◆ 이쪽은 제 친구 다나카씨입니다.

こちらは、私の友達の 田中さんです。
고찌와라 와따시노 도모다찌노 다나까산데스

◆ 명함을 주시겠습니까?

お名刺を いただけますか。
오메이시오 이따다께마스까

◆ 명함을 드릴께요.

名刺を さしあげましょう。
메이시오 사시아게마쇼-

◆ 어디에서 오셨습니까?

どこから いらっしゃったのですか。
도꼬까라 이랏샷따노데스까

◆ 나고야에서 왔습니다.

名古屋から 参りました。
나고야까라 마이리마시따

◆ 야마모토씨, 어디 출신입니까?

山本さん、どこの ご出身ですか。
야마모토상   도꼬노 고슛신데스까

◆ 저는 동경출신입니다.

私は 東京出身です。
와따시와 도오쿄- 슛싱데스

◆ 한국에는 무슨 일로 오셨어요?

韓国には どのような ご用で いらっしゃったのですか。
강꼬꾸니와 도노요-나 고요-데 이랏샷따노데스까

◆ 성함은 어떻게 되십니까?
お名前は 何ですか。
오나마에와 난데스까

◆ 성함만은 알고 있었습니다.
お名前だけは 知って おりました。
오나마에다께와 싯떼 오리마시따

◆ 앞으로도 서로 연락을 취합시다.
これからも 連絡を 取り合いましょうね。
고레까라모 렌라꾸오 도리아이마쇼-네

05 헤어질 때 인사

◆ 이제 가야겠어요.

もう おいとまいたします。
모- 오이또마 이따시마스

◆ 좀더 계시다 가세요.

もうちょっと いいじゃないですか。
모-쫏또 이-쟈나이데스까

◆ 잘 가.

さようなら。
사요-나라
※헤어질 때 사용하는 일반적인 인사표현이다

◆ 나 갈게.

私、行くよ。
와따시 이꾸요

◆ 안녕.

さようなら。
사뇨-나라

◆ 안녕히 가세요.

ごきげんよう。
고끼겡요-
※멀리 떠나는 사람과 헤어질 때의 인사말

◆ 그럼 조심해서 가세요.

では、気をつけて。
데와, 기오쓰께떼

◆ 그럼 나중에 봐.

じゃあ、あとでね。
쟈- 아또데네

◆ 그럼 내일 또 봐요.

では、また あした。
데와　마따 아시따

◆ 그럼 또 내일.

じゃあ、また あした。
쟈- 마따 아시따

◆ 안녕히 계세요. 나중에 또 만나요.

さようなら。いずれ また。
사요-나라　　이즈레 마따

◆ 저녁 잘 먹었어요.

夕食 ごちそうさまでした。
유-슈꾸 고찌소-사마데시따

◆ 초대해줘서 고마워요. 정말 즐거웠습니다.

ご招待ありがとう。すっかり 楽しんで しまいました。
고쇼-따이 아리가또-, 슷까리 다노신데 시마이마시따

◆ 즐거운 휴일 보내세요.

楽しい 休日を。
다노시이 규-지쓰오.

◆ 이제 가야겠어요.

もう 行かなければ なりません。
모- 이까나 께레바 나리마셍

◆ 아쉽네요.

残念ですね。
잔넹데스네

◆ 다녀오세요.

行っていらっしゃい。
잇떼 이랏샤이

◆ 또 오세요.

また 来てくださいね。
마따 기떼 구다사이네

◆ 즐겁게 다녀와.

楽しんでらっしゃい。
다노신데랏샤이

◆ 만나서 반가웠어요.

お会いできて うれしかったです。
오아이데끼떼 우레시깟따데스

◆ 다녀오겠습니다.

行って来ます。
잇떼기마스

◆ 잘 지내라.

元気でね。
겡끼데네

06 만남을 기약할 때

◆ 다시 언제 만나요.

また いつか 会いましょうね。
마따 이쓰까 아이마쇼-네

◆ 다음주에 봐요.

では、また 来週。
데와 마따 라이슈-

◆ 그 사이에 전화주세요.

そのうち 電話して くださいね。
소노우찌 뎅와시떼 구다사이네

◆ 언제 다시 만날 수 있을까?

今度は いつ 会えるかな。
곤도와 이쓰 아에루까나

◆ 그럼 수요일에 만납시다.

じゃあ、水曜日に 会いましょう。
쟈- 스이요-비니 아이마쇼-

◆ 앞으로도 서로 연락합시다.

これからも 連絡を 取り合いましょうね。
고레까라모 렌라꾸오 도리아이마쇼-네

◆ 어떻게 하면 연락이 되나요?

どうしたら 連絡が つきますか。
도-시따라　　렌라꾸가 쓰끼마스까

◆ 가끔 전화해.

そのうち 電話してね。
소노우찌 뎅와시떼네

◆ 편지해 주세요.

手紙を ください。
데가미오 구다사이

◆ 연락하며 지내자.

連絡を とり合おうね。
렌라꾸오 도리아오-네

07 감사의 인사

◆ 고마워요.

ありがとう。
아리가또-
※친근한 사이나 아랫사람에게 가볍게 고마움을 나타낼 때 쓰이는 표현이다.

◆ 고맙습니다.

ありがとうございます。
아리가또-고자이마스

◆ 감사합니다.

感謝します。
간샤시마스

◆ 대단히 감사합니다.

どうも ありがとう。
도-모 아리가또-

◆ 정말로 감사드립니다.

本当に ありがとうございます。
혼또-니 아리가또- 고자이마스

◆ 격려해줘서 고마워요.

励ましてくれて ありがとう。
하게마시떼 구레떼 아리가또-

◆ 호의에 감사드립니다.

ご好意 ありがとう。
고고-이 아리가또-

◆ 도와주셔서 감사합니다.

助けて頂き ありがとうございます。
다스께떼 이따다끼 아리가또-고자이마스

◆ 도움이 되었다니 기쁩니다.

お役に 立てて うれしいです。
오야꾸니 다떼떼 우레시-데스

◆ 여러 모로 신세를 많이 졌습니다.

いろいろ お世話に なりました。
이로이로 오세와니 나리마시따

◆ 원 별말씀을 다하십니다.

取り立てて 言う ほどでも ありません。
도리다떼데 유- 호도데모 아리마셍

◆ 걱정해 주셔서 감사합니다.

心配してくれて ありがとう。
신빠이시떼 구레떼 아리가또-

◆ 천만에요.

どういたしまして。
도-이따시마시떼

◆ 뭐라고 감사의 말씀을 드려야 좋을지 모르겠어요.

何と 御礼を 申したら いいのか わかりません。
난또 오레이오 모-시따라 이-노까 와까리마셍.

◆ 그렇게 말해줘서 고마워요.

そう言って くれて ありがとう。
소-잇떼 구레떼 아리가또-

◆ 그 동안 감사했습니다.

長い間、ありがとうございました。
나가이 아이다 아리가또-고자이마시따

◆ 천만예요. 감사할 것까지는 없습니다.

どういたしまして。礼には およびません。
도-이따시마시떼　　　레이니와 오요비마셍

◆ 친절히 대해줘서 고마워요.

ご親切に どうも。
고신세쓰니 도-모

◆ 초대해 주셔서 고맙습니다.

ご招待 ありがとうございます。
고쇼오따이 아리가또-고자이마스

◆ 나야말로 와줘서 기뻐요.

こちらこそ。来てくれて うれしいわ。
고찌라꼬소.　기떼구레떼 우레시-와

◆ 어떻게 보답할 수 있을까요?

どのように 感謝すれば 良いでしょうか。
도노요-니 간샤스레바 이-데쇼-까

◆ 아무리 감사를 드려도 부족할 정도입니다.

いくら 感謝しても しきれない ほどです。
이꾸라 간샤시떼모　　시끼레나이 호도데스

◆ 큰 도움이 되었습니다.
大変 役に立ちました。
다이헹 야꾸니 다찌마시따.

◆ 매우 도움이 되었습니다.
とても 助かりました。
도떼모 다스까리마시따

08 감사에 대한 응답

◆ 천만에요.

どういたしまして。
도-이따시마시떼
※ 남에게 감사, 칭찬의 말을 들었을 때 그것을 겸손하게 부정하는 인사말로 별말씀을 다 하십니다의 뜻으로 쓰인다.]

◆ 천만에 말씀입니다. 쉬운 일이에요.

どういたしまして。お安い ご用ですよ。
도-이따시마시떼   오야스이 고요-데스요

◆ 대단치 않아.

大したことじゃ ないよ。
다이시따 고또쟈 나이요

◆ 별 것 아니에요.

お安い ご用です。
오야스이 고요-데스

◆ 천만에요. 도움이 되어서 기쁩니다.

どういたしまして。お役に 立てて うれしいです。
도-이따시마시떼   오야꾸니 다떼떼 우레시-데스

◆ 원 별 말씀을 다하십니다.

取り立てて 言う ほどでも ありません。
도리다 떼떼 유- 호도데모 아리마셍

◆ 뜻밖입니다. 너무 고마워요.

思いがけないこ とです。どうも ありがとう。
오모이가께나이 고또데스   도-모 아리가또-

◆ 천만에요. 감사할 것까지는 없습니다.

どういたしまして。礼には およびません。
도-이따시마시떼 레이니와 오요비마셍

◆ 마음에 든다니 다행이야.

気に入って もらえて うれしいよ。
기니 잇떼   모라에떼 우레시-요

◆ 저야말로 감사합니다.

こちらこそ どうもありがとう。
고찌라꼬소   도-모 아리가또-

09 사과의 표현

◆ 죄송합니다.

ごめんなさい。
고멘나사이

＝申し訳ありません。
모-시와께 아리마셍

◆ 미안합니다.

すみません。
스미마셍

◆ 늦어서 미안합니다.

遅くなって すみません。
오소꾸낫떼   스미마셍

◆ 대단히 죄송합니다.

まことに 申し訳ございません。
마꼬또니 모-시와께 고 자이마셍

◆ 약속을 못지켜서 미안합니다.

約束を 守らないで すみません。
약소꾸오 마모라나이데 스미마셍

◆ 진심으로 사과드립니다.

心から おわびいたします。
고꼬로까라 오와비 이따시마스

◆ 기다리게 해서 죄송합니다.
お待たせして すみません。
오마따세시떼   스미마셍

◆ 기분 나쁘게 했다면 미안해
気を悪くしたなら ごめんなさい。
기오 와루꾸시따나라 고멘나사이

◆ 제가 잘못했습니다.
私が いけませんでした。
와따시가 이께마센데시따

◆ 저야말로 잘못했습니다.
私こそ 悪かったんです。
와따시꼬소 와루깟딴데스

◆ 사과드립니다.
お詫び申し上げます。
오와비모-시아게마스

◆ 너무 죄송해요 그럴 생각이 아니었어요.

どうもすみません。そんな つもりじゃ なかったんです。
도-모 스미마셍. 손나 쓰모리쟈 나깟딴데스

◆ 실수를 해서 죄송합니다.
間違えてしまって すみません。
마찌가에떼 시맛떼   스마미셍

◆ 앞으로는 주의하겠습니다.
今後は 気をつけます。
공고와 기오쓰께마스

◆ 뭐라고 사죄를 드려야 할지 모르겠습니다.

何と お詫びしてよいか わかりません。
난또 오와비시떼 요이까 와까리마셍

◆ 정말 유감으로 생각합니다.

まことに 遺憾に存じます。
마꼬또니 이깐니 존지마스

◆ 방해해서 죄송합니다.

お邪魔して 申し訳ありません。
오쟈마시떼 모-시와께아리마셍

◆ 번거롭게 해서 죄송합니다.

お手数を お掛けし、申し訳ありません。
오떼스-오 오가께시 모-시와께 아리마셍

◆ 정말로 미안합니다. 그만 깜빡 잊고 있었습니다.

本当に すみません。ついうっかりしてました。
혼또-니 스미마셍 쓰이 웃까리 시떼마시다

◆ 말씀중에 죄송합니다.

お話し中 すみません。
오하나시쮸- 스미마셍

10 사과에 대한 응답

◆ 괜찮아요.

いいんですよ。
이인데스요.

＝かまいませんよ。
가마이마셍요

◆ 사과하실 필요 없어요.

謝っていただく 必要は ありません。
아야맛떼 이따다꾸 히쓰요-와 아리마셍

◆ 걱정하지 말아요.

気にしないで ください。
기니 시나이데 구다사이

＝ご心配要りません。
고신빠이 이리마셍

◆ 신경쓰지 마세요.

お気にされないで ください。
오끼니사레나이데 구다사이

◆ 별 것 아니예요.

何でも ないですよ。
난데모 나이데스요

◆ 사과하실 필요 없어요.

謝っていただく 必要は ありません。
아야맛떼 이따다꾸 히쓰요-와 아리마셍

◆ 전혀 상관없습니다.

全く 構いません。
맛따꾸 가마이마셍

◆ 대수로운 것은 아닙니다.

大したことでは ありませんよ。
다이시다 고또데와 아리마셍요

◆ 어쩔 수 없는 일이지.

しかたが ないよ。
시까다가 나이요

◆ 네 잘못이 아니야.

あなたの せいでは ないわ。
아나따노 세이데와 나이와

◆ 정말 유감으로 생각합니다.

まことに 遺憾に 存じます。
마꼬또니 이깐니 존지마스

◆ 괜찮아요. 누구라도 틀려요.

いいんですよ。誰だって 間違えますよ。
이인데스요 다레닷떼 마찌가에마스요

◆ 아뇨, 괜찮아요.

いや、いいんですよ。
이야, 이-인데스요

◆ 아무것도 아니에요. 걱정하지 말아요.

何でもないですよ。ご心配なく。
난데모 나이데스요 고신빠이 나꾸

◆ 네탓이 아니야.

あなたの せいでは ないわ。
아나따노 세이데와 나이와

◆ 괜찮아요. 누구에게나 실수는 있어.

いいんですよ。誰にだって間違いは あるよ。
이인데스요   다레니닷떼 마찌가이와 아루요

◆ 괜찮아요. 걱정하지 말아요.

いいんですよ。気にしないで ください。
이인데스요. 기니 시나이데 구다사이

◆ 저야말로 죄송해요.

私のほうこそ ごめんなさい。
와따시노 호-꼬소 고멘나사이

11 용서를 구할 때

◆ 용서해 주세요.
お許しください。
오유루시 구다사이

◆ 용서해 주시겠어요?
許して いただけますか。
유루시떼 이따다께마스까

◆ 고의로 그런 것은 아니예요.
故意では ありません。
고이데와 아리마셍

◆ 제가 한 짓을 용서해 주세요.
私の したことを 許して ください。
와따시노 시따 고또오 유루시떼 구다사이

◆ 제발 용서해 주세요.
どうぞ 許して ください。
도-조 유루시떼 구다사이

◆ 앞으로는 주의를 하겠습니다.
今後は 気をつけます。
공고와 기오 쓰께마스

◆ 폐를 끼쳐드릴 생각은 없었습니다.

ご迷惑を おかけする つもりは なかったのです。
고메이와꾸오 오까께스루 쓰모리와 나깟따노데스

◆ 어쩔 수 없었습니다. 용서해 주세요.

仕方が なかったんです。どうか お許しください。
시까따가 나깟딴데스   도-까 오유루시떼 구다사이

◆ 모든 책임은 저에게 있습니다. 용서해 주세요.

一切の 責任はこちらに ございます。お許しください。
잇사이노 세끼닝와 고찌라니 고자이마스   오유루시 구다사이

12 축하할 때

◆ 축하해요.

おめでとう。
오메데또-

◆ 축하합니다.

おめでとうございます。
오메데또-고자이마스

◆ 생일 축하해.

お誕生日 おめでとう。
오단죠요비 오메데또-

◆ 수상을 축하합니다.

受賞 おめでとうございます。
쥬쇼- 오메데또-고자이마스

◆ 당신이 일등이네, 축하해.

あなたが 一番なのね。おめでとう。
아나따가 이찌반 나노네　　　오메데또-

◆ 합격을 축하해요.

合格おめでとう。
고-까꾸 오메데또-

◆ 결혼을 축하합니다.
ご結婚 おめでとうございます。
고겟꽁 오메데또-고자이마스

◆ 생신을 진심으로 축하합니다.
お誕生を 心から お祝い致します。
오딴죠-오 고꼬로까라 오이와이 이따시마스

◆ 승진을 축하드립니다.
ご昇進 おめでとうございます。
고쇼-싱 오메데또-고자이마스

◆ 어머니날, 축하드려요.
母の日、おめでとう。
하하노히 오메데또-

◆ 결혼기념일을 축하해요.
結婚記念日 おめでとう。
겟꽁 기넨비   오메데또-

13 환영할 때

◆ 잘 오셨습니다.

ようこそ。
요-꼬소

◆ 대환영입니다.

大歓迎です。
다이깡게이데스

◆ 입사를 환영합니다.

入社を 歓迎します。
뉴-샤오 깡게이시마스

◆ 기무라씨, 진심으로 환영합니다.

木村さん、心より 歓迎いたします。
기무라상, 고꼬로요리 깡게이 이따시마스

◆ 우리회사 방문을 환영합니다.

当社の ご訪問を 歓迎します。
토-샤노 고호-몽오 깡게이이따시마스

◆ 저희 집에 잘 오셨습니다.

ようこそ、我が家へ。
요-꼬소,   와가야에

57

◆ 한국에 잘 오셨습니다.

ようこそ、韓国へ。
요-꼬소 캉꼬꾸에

◆ 여자애라면 대환영이야.

女の子なら 大歓迎だ。
온나노고나라 다이캉게이다

◆ 잘 오셨습니다. 진심으로 환영합니다.

ようこそ。心より 歓迎いたします。
요-꼬소   고꼬로요리 캉게이이따시마스

14 기원할 때

◆ 부디 행복하세요.
どうぞ お幸せに。
도-조 오시아와세니

◆ 새해 복 많이 받아요.
新年おめでとう。
신넹 오메데또-

◆ 행운을 빌겠습니다.
幸運を 祈ります。
고-옹오 이노리마스

◆ 행복하시기 바랍니다.
お幸せを 願います。
오시아와세오 네가이마스

◆ 여러분의 건강과 행운을 기원하며, 축배
皆様の 健康と 幸福を お祈りして、乾杯！
미나사마노 겡꼬-또 고-후꾸오 오이노리시떼 간빠이

◆ 우리의 건강을 위하여!
我々の 健康の ために！
와레와레노 겡꼬-노 다메니

◆ 만수무강 하십시오.
長生きして ください。
나가이끼시떼 구다사이

15 칭찬할 때

◆ 잘했어.

よく やった。
요꾸 얏따

◆ 멋지네요.

素敵ですね。
스떼끼데스네

◆ 정말 잘했어.

よく やったね。
요꾸 얏따네

◆ 잘 어울리세요

とても 似合いますよ。
도떼모 니아이마스요

◆ 정말 보기 좋아요.

本当に 格好いいです。
혼또-니 갓꼬-이-데스

◆ 멋지군요. 정말 부러워요.

素晴らしいですね。本当に うらやましい。
스바라시-데스네　　　혼또-니 우라야마시-

◆ 새로 산 옷이 잘 어울립니다.

新しく買った 服が よく お似合いです。
아따라시꾸 갓따 후꾸가 요꾸 오니아이데스

◆ 옷에 대한 센스가 있어.

洋服の センスが いいのね。
요-후꾸노 센스가 이-노네

◆ 당신은 정말 머리가 좋군요.

あなたは とても 頭が いいですね。
아나따와 도떼모 아따마가 이-데스네

◆ 아주 젊어 보이네.

とても 若く 見えますね。
도떼모 와까꾸 미에마스네

◆ 고맙습니다.

ありがとうございます。
아리가또-고자이마스

◆ 훌륭합니다.

お見事です。
오미고또데스

◆ 일본어를 잘 하시네요.

日本語が ペラペラですね。
니홍고가 뻬라뻬라 데스네

◆ 대학에서 일본문학을 전공했습니다.

大学で 日本文学を 専攻しました。
다이가꾸데 니혼붕가꾸오 셍꼬오시마시따

◆ 그 옷은 당신한테 잘 어울립니다.

その服は あなたに よく似合います。
소노후꾸와 아나따니 요꾸 니아이마스

◆ 멋있는 헤어스타일이야.

素敵な 髪型ね。
스떼끼나 가미가다네

◆ 잘 어울려.

似合ってるよ。
니앗떼루요

◆ 아름다워요.

美しいなあ。
우쯔꾸시-나-

◆ 몸둘 바를 모르겠어요.

なんと ご親切に。
난또 고신세쯔니

◆ 좋은 시계를 차고 있군요.

いい 時計を はめてますね。
이- 도께이오 하메떼마스네

◆ 새 스커트 무척 잘 어울려요.

新しい スカート、とても 似合いますよ。
아따라시- 스까-또   도떼모 니아이마스요.

02

해외여행
기내에서

01 좌석 찾기

◆ 제 좌석은 어디입니까?

私の 席は どこですか。
와따시노 세끼와 도꼬데스까

◆ 이 번호의 좌석은 어디쯤에 있나요?

この 座席番号は どのへんですか。
고노 자세끼방고-와 도노헨데스까

◆ 탑승권을 보여주시겠어요?

搭乗券を 見せて もらえますか。
도-죠-껭오 미세떼 모라에마스까

◆ 네, 여기 있습니다.

はい。ここに あります。
하이   고꼬니 아리마스

◆ 14A 좌석은 어디입니까?

十四Aの 席は どこですか。
쥬-욘 에이노 세끼와 도꼬데스까

◆ 이쪽으로 오십시오.

こちらへ どうぞ。
고찌라에 도-조

◆ 이쪽 통로입니다.

こちらの 通路です。
고찌라노 쓰-로 데스

◆ 손님 좌석은 창가 좌석입니다.

お客様の 座席は 窓側です。
오갸꾸사마노 자세끼와, 마도가와데스

◆ 우측 통로편 좌석입니다.

右の 通路側の 席です。
미기노 쓰-로가와노 세끼데스

◆ 여기에 앉아도 될까요?

ここに 座っても いいですか。
고꼬니 스왓떼모 이-데스까

◆ 여기는 제 자리인데요.

ここは 私の 席ですが。
고꼬와 와따시노 세끼데스가

◆ 지나가도 되겠습니까?

通っても よろしいですか。
돗-떼모 요로시- 데스까

◆ 네, 그러세요.

はい、どうぞ。
하이   도-조

◆ 좌석을 바꿔 주시겠습니까?

席を 替わって いただけますか。
세끼오 가왓떼 이따다께마스까

◆ 의자를 뒤로 젖혀도 될까요?

椅子を 後ろに 倒しても いいですか。
이스오 우시로니 다오시떼모 이-데스까

◆ 지금은 안 됩니다. 이륙하고 나서 해주세요.

今は いけません。離陸してからに してください。
이마와 이께마셍   리리꾸시떼까라니 시떼구다사이

◆ 여러분의 짐은 머리 위 선반에 얹으십시오.

皆様の 荷物は 頭の上の 棚に 置いて ください。
미나사마노 니모쓰와, 아따마노 우에노 다나니 오이떼 구다사이

◆ 이 가방은 선반에 안 들어갑니다.

この カバン、荷物棚に 入りません。
고노 가방   니모쓰다나니 하이리마셍

◆ 좌석 등받이를 제 자리로 해주세요.

座席の 背もたれを 元に 戻して ください。
자세끼노 세모따레오 모토니 모도시떼 구다사이

◆ 저기 빈자리로 옮겨도 되겠습니까?

向こうの 空いている 席に 移動しても いいですか。
무꼬-노 아이떼이루 세끼니 이도-시떼모 이-데스까

◆ 안전벨트를 매 주십시오.

シートベルトを 締めて ください。
시-또베루또오 시메떼 구다사이

02 기내 서비스

◆ 어떤 음료가 있나요?

どんな 飲み物が ありますか。
돈나 노미모노가 아리마스까

◆ 주스, 커피, 맥주 등이 있습니다.

ジュース、コーヒー、ビールなどが あります。
쥬스, 고-히, 비-루 나도가 아리마스

◆ 그럼, 커피를 주세요.

では、コーヒーを ください。
데와 고-히오 구다사이

◆ 와인 있습니까?

ワインは ありますか。
와잉와 아리마스까

◆ 물 한 잔 주세요.

お水を 一杯 ください。
미즈오 잇빠이 구다사이

◆ 한 잔 더 주실 수 있습니까?

おかわり できますか。
오까와리 데끼마스까

＝もういっぱい いただけますか。
모-잇빠이 이따다께마스까

67

◆ 기내식은 언제 나옵니까?

機内食 はいつ 出ますか。
기나이쇼구와 이쯔 데마스까

◆ 테이블을 내려 주십시오. 식사 시간입니다.

テーブルを引き出して ください。食事の 時間です。
데이부루오 히끼다시떼 구다사이. 쇼꾸지노 지깐데스

◆ 식사는 다 하셨습니까?

食事は お済みですか。
쇼꾸지와 오스미데스까

◆ 네, 잘 먹었습니다.

はい、ごちそうさま。
하이　고찌소-사마

◆ 베개와 모포를 주세요.

枕と 毛布を ください。
마꾸라또 모-후오 구다사이

◆ 네, 잠시만 기다려 주세요.

はい、少々 お待ちください。
하이　쇼-쇼- 오마찌구다사이

◆ 곧 갖다 드리겠습니다.

すぐ お持ちします。
스구 오모찌시마스

◆ 기내에서 컴퓨터를 사용해도 됩니까?

機内で コンピューターを 使っても いいですか。
기나이데 곤쀼-따-오 쯔깟떼모 이-데스까

◆ 한국 신문 한 부 주세요.

韓国の 新聞を 一部 ください。
강꼬꾸노 신붕오 이찌부 구다사이

◆ 아니요, 영어신문 밖에 없습니다.

いいえ、英語の 新聞しか ありません。
이-에 에이고노 신붕시까 아리마셍

◆ 일본 신문이나 잡지는 있습니까?

日本の 新聞か 雑誌は ありますか。
니혼노 신붕까 잣시와 아리마스까

◆ 스푼을 떨어뜨렸어요.

スプーンを 落としました。
스뿡오 오또시마시따

◆ 다른 걸로 갖다 주시겠어요?

別のものを 持ってきて くれますか。
베쓰노 모노오 못떼 기떼 구레마스까

◆ 도착 시간은 몇 시입니까?

到着時間は いつですか。
도-짜꾸지깡와 이쓰데스까

◆ 기내 면세품을 구입할 수 있을까요?

機内免税品を 買えますか。
기나이 멘제이힝오 가에마스까

◆ 펜좀 빌릴 수 있을까요?

ペンを 貸して もらえますか。
뻥오 가시떼 모라에마스까

03 불편호소와 궁금할 때

◆ 속이 울렁거리는데요.

吐気が するんですが。
하끼께가 스룬데스가

◆ 토할 것 같습니다.

吐きそうです。
하끼소-데스

◆ 에티켓 봉지 있습니까?

エチケット袋は ありますか。
에찌켓또 부꾸로와 아리마스까

◆ 비행기 멀미약 있습니까?

飛行機の 酔い止めは ありますか。
히꼬-끼노 요이도메와 아리마스까

◆ 몸이 좀 불편합니다.

体の 調子が 少し 悪いです。
가라다노 쵸-시가 스꼬시 와르이데스

＝少し 気分が 悪いです。
스꼬시 기붕가 와루이데스

◆ 어디가 안 좋으세요?

どこが 悪いのですか。
도꼬가 와루이노데스까

70

◆ 머리가 아픈데, 약이 있나요?

頭が 痛いんですが、薬は ありますか。
아따마가 이따인데스가 구스리와 아리마스까

◆ 좀 추운데요.

少し 寒いです。
스꼬시 사무이데스

◆ 담요를 하나 더 주실 수 있습니까?

毛布を もう 一枚 もらえますか。
모-후오 모- 이찌마이 모라에마스까

◆ 에어컨을 끄고 싶어요.

エアコンを 止めたいのですが。
에어꼰오 도메따이노데스가

◆ 이어폰이 고장 났습니다.

イヤホンは 故障して います。
이야홍와 고쇼- 시떼 이마스

◆ 헤드폰 상태가 안 좋습니다.

ヘッドホンの 調子が 悪いです。
헤드혼노 죠-시가 와루이데스

◆ 일회용 반창고 있습니까?

バンドエイドは ありますか。
반도에이도와 아리마스까

◆ 좌석이 작동하지 않습니다.

座席が 作動しません。
자세끼가 사도-시마셍

◆ 언제쯤 도착합니까?
いつ頃、着きますか。
이쓰고로, 쓰끼마스까

◆ 한 시간 후에는 도착합니다.
一時間後には 着きます。
이찌지깡고니와 쓰끼마스

◆ 도쿄까지의 비행시간은 얼마나 됩니까?
東京までの 飛行時間は どれぐらいですか。
도-꾜-마데노 히꼬-시깡와 도레구라이데스까

◆ 도쿄에는 정시에 도착합니까?
東京には 定刻に 到着しますか。
도-꾜-니와 데이꼬꾸니 도-짜꾸시마스까

◆ 지금 어느 정도 왔습니까?
今 どのあたりを 飛んでいますか。
이마 도노아따리오 돈데 이마스까

◆ 현지 시간으로 지금 몇 시입니까?
現地時間で今 何時ですか。
겐찌지깐데 이마 난지데스까

03
입국

01 입국심사

◆ 여권을 보여 주십시오.

パスポートを 見せてください。
빠스뽀-또오 미세떼 구다사이

◆ 네, 여기 있습니다.

はい、どうぞ。
하이 도-조

◆ 입국목적은 무엇인가요?

入国の 目的は 何ですか。
뉴-꼬꾸노 모꾸떼끼와 난데스까

◆ 관광차 왔습니다.

観光で 来ました。
강꼬-데 기마시따

◆ 친구를 만나러 왔어요.

友達に 会いに 来ました。
도모다찌니 아이니 기마시따

◆ 일본에 얼마나 체류하실 건가요?

日本に 何日間 滞在する 予定ですか。
니혼니 난니지깡 다이자이스루 요떼이데스까

◆ 1주일 예정입니다.
一週間の 予定です。
잇슈-깡노 요떼이데스

◆ 어디에서 숙박하실 예정인가요?
どこに お泊まりの 予定ですか。
도꼬니 오또마리노 요떼이데스까

◆ 도쿄시내 신주쿠 호텔이에요.
東京市内 新宿ホテルです。
도-꾜-시나이 신쥬꾸호떼루데스

◆ 도쿄에 있는 친구 집에 머물겁니다.
東京に いる 友人の 家に 泊まります。
도-꾜-니 이루 유-진노 이에니 도마리마스

◆ 아직 정하지 않았습니다.
まだ 決めて いません。
마다 기메떼 이마셍

◆ 일본은 처음이신가요?
日本は 初めてですか。
니홍와 하지메떼데스까

◆ 네, 처음입니다.
はい、初めてです。
하이   하지메떼데스

◆ 돌아가는 항공권은 있습니까?
帰りの 航空券は お持ちですか。
가에리노 고-꾸-껭와 오모찌데스까

◆ 네, 가지고 있습니다.

はい、持っています。
하이   못떼이마스

◆ 한국으로 돌아갈 비행기표입니다.

韓国へ 帰国するときの 飛行機の チケットです。
강꼬꾸에 기꼬꾸스루 도끼노 히꼬-끼노 지껫또데스

◆ 현금은 얼마나 가지고 있습니까?

現金は いくら 持っていますか。
겡낑와 이꾸라 못떼 이미스까

◆ 20만엔 정도입니다.

二十万円 くらいです。
니쥬-망엔 구라이데스

◆ 외국화폐는 얼마나 가지고 있습니까?

外国の お金は どのくらい お持ちですか。
가이꼬꾸노 오까네와 도노구라이 오모찌데스까

◆ 됐습니다.

結構です。
겟꼬-데스

02 짐을 찾을 때

◆ 짐은 어디에서 찾습니까?

手荷物は どこで 受け取りますか。
데니 모쯔와 도꼬데 우께도리마스까

◆ 1번 컨베이어로 가주십시오.

1番コンベアに 行って ください。
이찌방곤베아니 잇떼 구다사이

◆ 수화물 찾는 곳은 저쪽입니다.

お手荷物の 引き取りさきは あそこです。
오데니모쯔노 히끼도리 사끼와 아소꼬데스

◆ JAL 505편의 짐은 나왔습니까?

JAL 505便の 荷物は もう 出てきましたか。
자루-고제로고빈노 니모쯔와 모- 데떼기마시다까

◆ 아뇨, 아직입니다.

いいえ、まだです。
이-에   마다데스

◆ 이 턴테이블이 413항공편입니까?

この ターンテーブルは 413便のですか。
고노 단-데이부루와 413빈노데스까

◆ 제 짐이 보이지 않습니다.

私の 手荷物が 見つかりません。
와따시노 데니모쯔가 미쯔까리마셍

◆ 아직 짐이 안 나왔습니다.

まだ 手荷物が 出て いません。
마다 데니모쯔가 데떼 이마셍

◆ 짐을 찾을 수가 없습니다.

手荷物が 見つかりません。
데니모쯔가 미쯔까리마셍

◆ 어디에서 출발한 항공편입니까?

どこから 出発した 航空便ですか。
도꼬까라 슛빠쯔시따 코-꾸-빈데스까

◆ 한국 부산에서 출반한 714편입니다.

韓国の プサンからの 714便です。
캉꼬꾸노 부산까라노 714빈데스

◆ 이건 제 가방이 아닙니다.

これは 私の かばんでは ありません。
고레와 와따시노 가방데와 아리마셍

◆ 짐을 잃어버렸습니다.

手荷物を なくしました。
데니모쯔오 나꾸시마시따

◆ 수화물 담당자에게 신고하세요.

手荷物担当に 申告して ください。
데니모쯔 단또-니 싱꼬꾸시떼 구다사이

◆ 여기가 분실한 수화물 신고하는 곳입니까?

ここは 紛失した 手荷物を 申告する 所ですか。
고꼬와 훈시쓰시따 데니모쓰오 싱꼬꾸스루 도꼬로데스까

◆ 예, 그렇습니다.

はい、そうです。
하이 소-데스

◆ 당신 가방은 무슨 색입니까?

あなたの カバンは 何色ですか。
아나따노 가방와 나니이로데스까

◆ 짐에 식별표를 붙이셨나요?

手荷物には 引換証が 付けられて いますか。
데니모쓰니와 히끼까에쇼-가 쓰께라레떼 이마스까

◆ 수화물 인환증을 보여주세요.

手荷物引換証を 見せて ください。
데니모쓰 히끼까에쇼-오 미세떼 구다사이

◆ 이게 제 수화물 인환증입니다.

これが 私の 手荷物引換証です。
고레가 와따시노 데니모쓰히끼까에쇼-데스

◆ 짐을 찾는 대로 즉시 이 주소로 보내주세요.

手荷物が 見つかったら すぐ この 住所に 届けて ください。
데니모쓰가 미쓰깟따라 스구 고노 쥬-쇼니 도도께떼 구다사이

03 세관검사

◆ 어디에서 세관검사를 하지요?

どこで 税関検査を しますか。
도꼬데 제이깡겐사오 시마스까

◆ 여권과 신고서를 보여주십시오.

パスポートと 申告書を 拝見します。
빠스뽀-도또 싱꼬꾸쇼오 하이껜시마스

◆ 세관 신고서를 가지고 계십니까?

税関申告書を お持ちですか。
제이깡 싱꼬꾸쇼오 오모찌데스까

◆ 네, 여기 있습니다.

はい、ここに あります。
하이 고꼬니 아리마스

◆ 세관신고서는 가지고 있지 않습니다.

税関申告書は 持って いません。
제이깡 신꼬꾸쇼와 못떼 이마셍

◆ 구두로 신고해도 됩니까?

口頭で 申告しても いいですか。
고-또-데 신꼬꾸시떼모 이-데스까

◆ 아뇨, 세관신고서를 작성해 주십시오.

いいえ、税関申告書を 書いて ください。
이-에 제이깡싱꼬꾸쇼오 가이떼 구다사이

◆ 신고할 게 있으세요?

申告する ものは ありますか。
상꼬꾸스루 모노와 아리마스까

◆ 없습니다.

ありません。
아리마셍

◆ 짐은 이게 전부입니까?

荷物は これで 全部ですか。
니모쯔와 고레데 젠부데스까

◆ 다른 짐은 없습니까?

他に 荷物は ありませんか。
호까니 니모쯔와 아리마셍까

◆ 이것은 가지고 들어갈 수 없습니다.

これは 持ち込む ことが できません。
고레와 모찌꼬무 고또가 데끼마셍

◆ 이건 과세 대상이 됩니다.

これは 課税対象と なります。
고레와 가제-다이쇼-또 나리마스

◆ 과세액은 얼마입니까?

課税額は いくらですか。
가제이가꾸와 이꾸라데스까

◆ 이것은 전부 당신 가방입니까?

これは 全部 あなたの バッグですか。
고레와 젠부 아나따노 박구데스까

◆ 가방을 열어 주십시오.

この バッグを 開けて ください。
고노 박구오 아께떼 구다사이

◆ 이것은 뭡니까?

これは 何ですか。
고레와 난데스까?

◆ 이것은 친구에게 줄 선물입니다.

これは 友達への お土産です
고레와 도모다찌에노 오미야게데스

◆ 금속 탐지기를 통과해 주십시오.

金属探知機を 通過して ください。
긴조꾸 단찌끼오 쓰-까시떼 구다사이

04 환전할 때

◆ 어디에서 환전을 할 수 있습니까?

どこで 両替できますか。
도꼬데 료-가에 데끼마스까

◆ 3번 창구입니다.

3番の 窓口です。
산반노 마도구찌데스

◆ 「환전」이라고 써진 곳으로 가십시오.

「両替」と 書いて いる ところに 行って ください。
「료-가에」또 가이떼 이루 도꼬로니 잇떼 구다사이

◆ 여기에서 환전할 수 있을까요?

ここで 両替できますか。
고꼬데 료-가에 데끼마스까

◆ 네, 환전 가능해요.

はい、両替できます。
하이   료-가에데끼마스

◆ 여행자 수표를 현금으로 바꿔 주세요.

トラベラーズチェックを 現金に して ください。
도라베라-즈쳇꾸오 겡낀니 시떼 구다사이

◆ 오늘 환율은 얼마죠?

今日の 為替相場は いくらですか。
교-노 가와세 소-바와 이꾸라데스까

◆ 달러를 엔화로 바꾸고 싶어요.

ドルを 円に 替えて いただけますか。
도루오 엔니 가에떼 이따다께마스까

◆ 얼마나 바꾸실 겁니까?

いくら 換えますか。
이꾸라 가에마스까

◆ 얼마까지 환전할 수 있나요?

いくらまで 両替できますか。
이꾸라마데 료-가에데끼마스까

◆ 환전을 하려면 어떻게 하면 됩니까?

両替を するには どうしたら いいのですか。
료-가에오 스루니와 도-시따라 이-노데스까

◆ 여기에 서명해 주세요.

ここに お名前を 書いて ください。
고꼬니 오나마에오 가이떼 구다사이

◆ 이 여행자 수표를 엔화로 바꿔주세요.

この トラベラーズチェックを 円にして ください。
고노 도라베라-즈쳇꾸오 엔니 시떼 구다사이

05 시내로 이동

◆ 어디에 포터가 있습니까?

どこに ポーターが いますか。
도꼬니 포-따-가 이마스까

◆ 수하물 수레가 어디 있죠?

カートは どこに ありますか。
가-또와 도꼬니 아리마스까

◆ 시내로 가는 버스는 있습니까?

市内へ 行く バスは ありますか。
시나이에 이꾸 바스와 아리마스까

◆ 리무진 버스가 있습니다.

リムジンバスが あります。
리무징바스가 아리마스

◆ 리무진 버스 시간표를 확인하고 싶은데요.

リムジンバスの 時刻表を 確認したいんですが。
리무징바스노 지꼬꾸효-오 가꾸닌시따인데스가

◆ 다음 리무진 버스는 언제 옵니까?

次の リムジンバスは いつ 来ますか。
쓰기노 리무징바스와 이쓰 기마스까

85

◆ 30분마다 있습니다.

三十分ごとに あります。
산짓뿡고또니 아리마스

◆ 이 짐을 택시 승강장까지 옮겨주세요..

この 荷物を タクシー乗り場まで 運んでください。
고노 니모쓰오 다꾸시-노리바마데 하꼰데 구다사이

◆ 깨지기 쉬운 것이니까 조심히 다뤄 주세요.

壊れやすい 物だから、大事に 扱って ください。
고와레야스이 모노다까라 다이지니 아쓰깟떼 구다사이이

◆ 짐을 트렁크에 넣어주세요.

荷物を トランクに 入れてください。
니모쓰오 도랑꾸니 이레떼 구다사이

◆ 얼마 드리면 됩니까?

いくら お支払すれば いいですか。
이꾸라 오시하라이스레바 이-데스까

◆ 삼백엔 부탁합니다.

三百円 お願いします。
산뱌꾸엔 오네가이시마스

◆ 시내까지 몇 분정도 걸립니까?

市内まで 何分くらい 掛かりますか。
시나이마데 난뿡구라이 가까리마스까

◆ 시내로 가는 가장 빠른 교통수단은 뭡니까?

市内に 行く 一番 早い 交通手段は 何ですか。
시나이니 이꾸 이찌방 하야이 고-쓰-슈당와 난데스까

◆ 택시를 타는 게 좋을 것 같습니다.

タクシーに 乗った 方が いいと 思います。
다꾸시-니 놋따 호-가 이-또 오모이마스

◆ 신주쿠 호텔로 가주세요.

新宿ホテルに 行って ください。
신쥬꾸 호떼루니 잇떼 구다사이

◆ 신주쿠까지 얼마입니까?

新宿まで いくらですか。
신쥬꾸마데 이꾸라데스까

◆ 시간은 얼마나 걸립니까?

時間は どのくらい かかりますか。
지깡와 도노구라이 가까리마스까

04

숙박

01 호텔 찾기

◆ 여기에서 호텔예약을 할 수 있습니까?

ここで ホテルの 予約が できますか。
고꼬데 호떼루노 요야꾸가 데끼마스까

◆ 네, 예약할 수 있습니다.

はい、予約が できます。
하이   요야꾸가 데끼마스

◆ 어떤 호텔을 찾으십니까?

どのような ホテルを お探しですか。
도노요-나 호떼루오 오사가시데스까

◆ 거리 중심부에 있는 호텔이 좋겠는데요.

町の 中心部に ある ホテルが いいのですが。
마찌노 쥬-신부니 아루 호떼루가 이-노데스가

◆ 호텔리스트는 있습니까?

ホテルの リストは ありますか。
호떼루노 리스또와 아리마스까

◆ 도쿄에 있는 호텔은 어디가 좋습니까?

東京の ホテルは どこが いいですか。
도-꾜-노 호떼루와 도꼬가 이-데스까

◆ 도쿄에서는 주로 프라자호텔에 묵습니다.

東京では たいてい プラザ ホテルに 泊まります。
도-꾜데와 다이떼이 뿌라자 호떼루니 도마리마스

◆ 그 호텔은 어디에 있습니까?

その ホテルは どこに ありますか。
소노 호떼루와 도꼬니 아리마스까

◆ 언제 투숙하실 예정이십니까?

いつ お泊まりになる 予定ですか。
이쯔 오또마리니나루 요떼이데스까

＝いつ 宿泊する ご予定ですか。
이쯔 슈꾸하꾸스루 고요떼이데스까

◆ 내일 모레요.

あさってです。
아삿떼데스

◆ 며칠 동안 묵을 예정입니까?

何日間 お泊まりになる 予定ですか。
난니찌깡 오또마리니나루 요떼이데스까

＝何日位 泊まる予定ですか。
난니찌 구라이 도마루 요떼이데스까

◆ 이틀 부탁합니다.

二日 お願いします。
후쯔까 오네가이시마스

◆ 오늘밤 빈방이 있습니까?

今夜、空き部屋は ありますか。
공야, 아끼베야와 아리마스까

91

◆ 어떤 방을 희망하십니까?

どんな 部屋を ご希望ですか。
돈나 헤야오 고끼보-데스까

◆ 더블 룸으로 부탁합니다.

ダブルルームを お願いします。
다부루루-무오 오네가이시마스

◆ 투숙하시는 분은 몇 분이십니까?

お泊まりになる お客様は 何人ですか。
오또마리니나루 오갸꾸사마와 난닝데스까

◆ 어른 두 명입니다.

大人 二人です。
오또나 후따리데스

◆ 1박에 얼마입니까?

一泊 いくらですか。
잇빠꾸 이꾸라데스까

◆ 1박에 2만엔 정도입니다.

一泊 二万円ぐらいです。
잇빠꾸 니망엔구라이데스

◆ 더 싼 방은 없습니까?

もっと 安い 部屋は ありませんか。
못또 야스이 헤야와 아리마셍까

◆ 몇 시쯤에 도착하십니까?

何時ごろ お着きに なりますか。
난지고로 오쓰끼니 나리마스까

◆ 5시쯤이 될 것 같습니다.

5時ごろに なると 思います。
고지고로니 나루또 오모이마스

◆ 숙박비는 얼마입니까?

部屋代は いくらですか。
헤야다이와 이꾸라데스까

◆ 요금에 식사는 포함되어 있습니까?

料金に 食事は 含まれて いますか。
료-낀니 쇼꾸지와 후꾸마레떼 이마스까

02 체크인

◆ 안녕하세요. 어서 오십시오.

いらっしゃいませ。
이랏샤이마세

◆ 체크인을 부탁합니다.

チェックインを お願いします。
쳿꾸잉오 오네가이시마스

◆ 예약을 하셨습니까?

予約を されて いますか。
요야꾸오 사레떼 이마스까

◆ 여행회사를 통해 예약했습니다.

旅行会社を 通じて 予約しました。
료꼬-가이샤오 쓰-지떼 요야꾸시마시따

◆ 어느 분의 이름으로 되어있습니까?

どなたの お名前に なって いますか。
도나따노 오나마에니 낫떼 이마스까

◆ 김미나라는 이름으로 예약했습니다.

キムミナという 名前で 予約しました。
김미나또유- 나마에데 요야꾸시마시따

◆ 성함은 어떻게 되십니까?

お名前は 何ですか。
오나마에와 난데스까

◆ 네, 예약되어 있습니다.

はい、ご予約いただいて おります。
하이, 고요야꾸 이따다이떼 오리마스

◆ 방은 몇 층에 있지요?

部屋は 何階ですか。
헤야와 낭까이데스까

◆ 9층이에요.

9階です。
규까이데스

◆ 전망 좋은 방을 부탁합니다.

眺めの いい 部屋を お願いします。
나가메노 아- 헤야오 오네가이시마스

◆ 체크인 하기 전에 방을 좀 봐도 될까요?

チェックインの 前に 部屋を 見せて もらえますか。
제꾸인노 마에니 헤야오 미세떼 모라에마스까

◆ 네, 알겠어요.

はい、分かりました。
하이   와까리마시따

◆ 좀더 좋은 방은 없습니까?

もっと よい 部屋は ありませんか。
못또 요이 헤야와 아리마셍까

◆ 여기가 손님방입니다.

こちらが お客様の 部屋に なります。
고찌라가 오갸꾸사마노 헤야니 나리마스

◆ 방은 505호실입니다.

お部屋は 505号室です。
오헤야와 고마루고고-시쯔데스

◆ 이 방으로 할게요.

この 部屋に します。
고노 헤야니 시마스

◆ 방 열쇠 여기 있습니다.

こちらに 部屋の カギが ございます。
고찌라니 헤야노 가기가 고자이마스

◆ 숙박카드에 이름과 연락처를 써주세요

宿泊カードに お名前と ご連絡先を お書きください。
슈꾸하꾸 가-도니 오나마에또 고렌라꾸사끼오 오가끼 구다사이

◆ 벨보이가 방으로 안내할 겁니다.

ベルボーイが 部屋に 案内します。
베루보-이가 헤야니 안나이시마스

◆ 저희 호텔에 머물게 돼서 감사합니다.

当ホテルに お泊まりいただき、ありがとうございます。
도-호떼루니 오도마리 이따다키, 아리가또-고자이마스

03 룸서비스

◆ 룸서비스는 몇 번에 걸면 됩니까?

ルームサービスは 何番に 掛ければ いいですか。
루-무 사-비스와, 난반니 가께레바 이-데스까

◆ 1번을 눌러주십시오.

一番を 押して ください。
이찌방오 오시떼 구다사이

◆ 룸서비스 부탁해요.

ルームサービスを お願いします。
루-무 사-비스오 오네가이시마스

◆ 룸서비스입니다. 무슨 일이십니까?

ルームサービスです。ご用でしょうか。
루-무 사-비스데스   고요-데쇼-까

◆ 네, 들어오세요.

はい、入って ください。
하이, 하잇떼 구다사이

◆ 실례합니다.

失礼します。
시쓰레이시마스

◆ 방 번호를 말씀해 주세요.

お部屋番号を どうぞ。
오헤야 방고-오 도-조

◆ 따뜻한 마실 물이 필요한데요.

飲む お湯が ほしいのですが。
노무 오유가 호시이노데스가

◆ 내방에서 아침식사를 할 수 있습니까?

私の 部屋で 朝食を 食べられますか。
와따시노 헤야데 조-쇼꾸오 다베라레마스까

◆ 간단한 식사를 주문하고 싶은데요.

簡単な 食事の 注文を お願いします。
간딴나 쇼꾸지노 쥬-몽오 오네가이시마스

◆ 샌드위치와 커피를 부탁합니다.

サンドイッチと コーヒーを お願いします。
산도잇찌또   고-히오 오네가이시마스

◆ 서둘러 좀 부탁합니다.

急いで お願いします。
이소이데 오네가이시마스

◆ 네, 10분 이내에 가지고 가겠습니다.

はい、十分 以内に 持って 参ります。
하이,   짓뿡 이나이니 못떼 마이리마스

◆ 방을 청소해 주세요.

部屋を 掃除して ください。
헤야오 소-지 시떼 구다사이

98

◆ 타월 2장 부탁합니다.

タオルを 二枚 お願いします。
다오루오 니마이 오네가이시마스

◆ 세탁 서비스는 가능합니까?

洗濯サービスは できますか。
센따꾸 사-비스와 데끼마스까

◆ 모닝콜 부탁해요

モーニングコールを お願いします。
모-닝구꼬-루오 오네가이시마스

◆ 몇 시가 좋으시겠어요?

何時が よろしいですか。
난지가 요로시-데스까

◆ 아침 6시에 부탁합니다.

朝 6時に お願いします。
아사 로꾸지니 오네가이시마스

◆ 마사지를 부탁합니다.

マッサージを お願いします。
맛사-지오 오네가이시마스

◆ 이건 팁입니다.

これは チップです。
고레와 찟뿌데스

04 서비스 시설을 이용할 때

◆ 호텔에는 어떤 시설이 있습니까?

ホテルには どんな 施設が ありますか。
호떼루니와 돈나 시세쓰가 아리마스까

◆ 귀중품을 맡아주세요.

貴重品を 預かって ください。
기쪼-힝오 아즈깟떼 구다사이

◆ 네, 내용물은 무엇입니까?

はい、中身は 何でしょうか。
하이   나까미와 난데쇼-까

◆ 요금을 드려야 합니까?

料金を 払わなければ なりませんか。
료-낑요 하라와나께레바 나리마셍까

◆ 아뇨, 서비스 해드리고 있습니다.

いいえ、サービスで やらせて 頂きます。
이-에,   사-비스데 야라세떼 이따다끼마스

◆ 식당은 어디에 있습니까?

食堂は どこですか。
쇼꾸도-와 도꼬데스까

＝**レストランは どこに ありますか。**
레스또랑와 도꼬니 아리마스까

◆ 이층에 있습니다.

二階に あります。
니까이니 아리마스

◆ 식사는 몇 시부터 가능합니까?

食事は 何時から できますか。
쇼꾸지와 난지까라 데끼마스까

◆ 아침 6시부터 9시까지입니다.

朝 6時から 9時までです。
아사 로꾸지까라 구지마데데스

◆ 뷔페식으로 준비되어 있습니다.

バイキングで 用意して おります。
바이낑구데 요-이시떼 오리마스

＝バイキング スタイルで 準備されて います。
바이낑구 스따이루데 쥰비사레떼 이마스

◆ 여기에 미용실(이발소)이 있습니까?

ここに 美容室(理髪店)が ありますか。
고꼬니 비요-시쓰() 아리마스까

◆ 커피숍은 어디에 있습니까?

コーヒーショップは どこですか。
고-히 숏뿌와 도꼬데스까

◆ 방에 금고는 있습니까?

部屋に セキュリティーボックスは ありますか。
헤야니 세뀨리티- 봇꾸스와 아리마스까

◆ 네, 옷장 안에 있습니다.

はい、クローゼットの 中(なか)に あります。
하이　　구로-젯또노 나까니 아리마스

◆ 호텔 안에 선물가게가 있습니까?

ホテルの 中(なか)に 土産店(みやげてん)が ありますか。
호떼루노 나까니 미야게뗑가 아리마스까

◆ 네, 지하 1층에 있습니다.

はい、地下(ちか) 一階(いっかい)に あります。
하이　　지까 잇까이니 아리마스

◆ 어디서 팩스를 보낼 수 있습니까?

ファックスは どこで 送(おく)れますか。
확꾸스와 도꼬데 오꾸레마스까

◆ 팩스를 사용할 수 있을까요?

ファックスを 送(おく)る ことが できますか。
확꾸스오 오꾸루 고또가 데끼마스까

◆ 세탁 서비스는 있습니까?

クリーニングの サービスは ありますか。
구리닝구노 사-비스와 아리마스까

◆ 세탁을 부탁드립니다.

洗濯(せんたく)を お願(ねが)いします。
센따꾸오 오네가이시마스

◆ 언제 됩니까?

仕上(しあ)がりは いつですか。
시아가리와 이쓰데스까

05 문제가 발생했을 때

◆ 옆방이 무척 시끄럽습니다.

となりの 部屋が とても うるさいんです。
도나리노 헤야가 도떼모 우루사인데스

◆ 잠을 잘 수 없습니다.

私は 眠れないんです。
와따시와 네무레나인데스

◆ 조용히 하도록 하겠습니다.

静かに させます。
시즈까니 사세마스

◆ 다른 방으로 옮길 수 없을까요?

ほかの 部屋に 変える ことは できませんか。
호까노 헤야니 가에루 꼬또와 데끼마셍까

＝他の 部屋に 移れますか。
호까노 헤야니 우쓰레마스까

◆ 화장실 물이 내려가지 않습니다.

トイレの 水が 流れません。
도이레노 미즈가 나가레마셍

◆ 빨리 고쳐주세요.

早く 修理して ください。
하야꾸 슈-리시떼 구다사이

103

◆ 방청소가 아직 안 되었습니다.

部屋の 掃除が まだ 出来て いません。
헤야노 소-지가 마다 데끼떼 이마셍

◆ 정말 죄송합니다.

本当に 申し訳ございません。
혼또-니 모-시와께고자이마셍

◆ 방을 바꿔주세요

部屋を 替えて ください。
헤야오 가에떼 구다사이

◆ 다른 방을 배정해 드리겠습니다.

他の 部屋を ご用意いたします。
호까노 헤야오 고요-이 이따시마스

◆ 에어컨이 작동되지 않습니다.

クーラーが 動きません。
꾸-라-가 우고끼마셍

◆ 바로 담당자를 보내겠습니다.

すぐ、担当者を 行かせます。
스구 단또-샤오 이까세마스

◆ 열쇠를 방에 두고 나왔어요.

鍵を 部屋に 置いて 出ました。
가기오 헤야니 오이떼데 마시따

◆ 마스터키는 있습니까?

マスターキーは ありますか。
마스따-키-와 아리마스까

◆ 이 방은 지저분합니다.

この 部屋は 汚いです。
고노 헤야와 기따나이데스

◆ 전망 좋은 방으로 바꿔 주세요.

眺めの いい 部屋に 替えて ください。
나가메노 이- 헤야니 가에떼 구다사이

◆ 더운 물이 나오지 않습니다.

お湯が 出ません。
오유가 데마셍

◆ 잠깐 와주시겠어요?

ちょっと 来て もらえませんか。
쫏또 기떼 모라에마셍까

◆ 타월을 바꿔 주세요.

タオルを 取り替えて ください。
다오루오 도리까에떼 구다사이

◆ TV가 고장 났어요.

テレビが 故障してます。
데레비가 고쇼-시떼마스

◆ 수도꼭지가 고장 났습니다.

水道の 蛇口が 壊れて います。
스이도-노 쟈구찌가 고와레떼 이마스

◆ 잠깐만 와주시겠어요?

ちょっと 来て もらえませんか。
쫏또   기떼 모라에마셍까

06 일정변경

◆ 하룻밤 더 묵고 싶은데요.

もう 一泊 したいのですが。
모- 잇빠꾸 시따이노데스가

◆ 네, 가능합니다.

はい、出来ます。
하이   데끼마스

◆ 오후까지 방을 쓸 수 있을까요?

午後まで 部屋を 使えますか。
고고마데 헤야오 쓰까에마스까

◆ 일요일까지 숙박을 연장하고 싶은데요.

日曜日まで 宿泊を 延したいのですが。
니찌요-비마데 슈꾸하꾸오 노비시따이노데스가

◆ 예정보다 하루 빨리 떠납니다.

予定より 一日 早く 発ちます。
요떼이요리 이찌니찌 하야꾸 다찌마스

◆ 오늘저녁까지 방을 쓸 수 있을까요?

今晩まで 部屋を 使えますか。
곤방마데 헤야오 쓰까에마스까

◆ 네, 단 추가요금이 들어요.

はい、ただし 追加料金が 掛かります。
하이   다다시   쓰이까료-킹가 가까리마스

◆ 하룻밤 더 묵고 싶은데요.

さらに 一日 宿泊したいと 思います。
사라니 이찌니찌 슈꾸하꾸시따이또 오모이마스

=滞在を もう 一泊 延長したいですが。
다이자이오 모- 잇빠꾸 엔쬬-시따이데스가

◆ 방이 바뀝니다만. 괜찮으세요?

お部屋が 変わりますが、よろしいでしょうか。
오헤야가 가와리마스가 요로시-데쇼-까

◆ 하루 일찍 떠나고 싶은데요.

一日 早く 発ちたいのですが。
이찌니찌 하야꾸 다찌따이노데스가

=一日 繰り上げて 出発したいと 思います。
이찌니찌 구리아께떼 슛빠쓰시따이또 오모이마스

◆ 그럼 23일에 출발하시는군요. 알겠습니다.

では、23日 ご出発ですね。承知しました。
데와   니쥬-산니찌 고슛빠쓰데스네 쇼-찌시마시따

◆ 며칠 더 머물고 싶습니다.

あと 数日 宿泊を 延長したいと 思います。
아또 스-지쓰 슈꾸하꾸오 엔쬬- 시따이또 오모이마스

◆ 당분간 이곳에 체제하실 예정입니까?

しばらく ここで 滞在する 予定ですか。
시바라꾸 고꼬데 다이자이스루 요떼이데스까

◆ 그 점에 관해서라면 안내데스크에 물어보세요.

その 点に ついては フロントに 聞いて ください。
소노 뗀니 쓰이데와 후론또니 기-떼 구다사이

◆ 5일 더 체류를 연장하고 싶습니다.

さらに 五日間 滞在を 延長したいと 思います。
사라니 이쓰까깡 타이자이오 엔쬬- 시-떼이또 오모이마스

◆ 죄송합니다만, 방이 예약으로 꽉 차있습니다.

申し訳ありませんが、部屋は予約で いっぱいです。
모-시와께 아리마셍가 헤야와 요야꾸데 잇빠이데스

07 체크아웃

◆ 체크아웃 타임은 몇 시인가요?

チェックアウトタイムは 何時ですか。
쳇꾸아우또 다이무와 난지데스까

＝チェックアウトの 時間は 何時ですか。
젯꾸아우또노 지깡와 난지데스까

◆ 몇 시쯤에 체크아웃 하실 겁니까?

何時頃 チェックアウトされますか。
난지고로 쳇꾸아우또 시레마스까

◆ 11시 30분에 체크아웃하려고요.

11時30分に チェックアウトしたいです。
쥬-이찌지산짓뿐니 쳇꾸아우또시따이데스

◆ 체크아웃 부탁합니다.

チェックアウトを お願いします。
쳇꾸 아우또오 오네가이시마스

◆ 몇 호실이죠?

何号室ですか。
낭고-시쯔데스까

◆ 1207호입니다.

1207号です。
센니햐꾸나나고-데스

◆ 계산을 부탁해요

かいけい　　ねが
会計を お願いします。
가이께이오 오네가이시마스

◆ 이 요금은 무엇입니까?

りょうきん　なん
この 料金は 何でしょうか。
고노 료-낑와 난데쇼-까

◆ 미니바에서 맥주 한 병 마셨습니다.

いっぽん　の
ミニバーで ビール 一本 飲みました。
미니바-데 비-루 잇뽕 노미마시따

◆ 이 신용카드로 지불할 수 있습니까?

しはら
この クレジットカードで 支払えますか。
고노 구레짓또 가-도데 시하라에마스까

しはらい　でき
＝この カードで お支払出来ますか。
고노 가-도데 오시하라이데끼마스까

◆ 네, 가능합니다.

はい、できます。
하이　　데끼마스

◆ 키를 반환하겠습니다.

かえ
キーを 返します。
기-오 가에시마스

◆ 맡긴 귀중품을 꺼내주세요.

あず　　きちょうひん　へんきゃく　　ねが
預けた 貴重品の 返却を お願いします。
아즈께따 기쬬-힌노 헹꺄꾸오 오네가이시마스

あず　　　　きちょうひん　だ
＝預けておいた 貴重品を 出して ください。
아즈께떼 오이따 기쬬-힝오 다시떼 구다사이

◆ 내일 아침에 체크아웃 하겠습니다.

明日の朝 チェックアウトします。
아시따노 아사 쩻꾸아우또 시마스

◆ 출발할 때 까지 짐을 맡아 주시겠어요?

出発まで 荷物を 預かって もらえますか。
슛빠쓰마데 니모쓰오 아즈깟떼 모라에마스까

◆ 6시 정도에 가지러 오겠습니다.

6時くらいに 取りに きます。
로꾸지구라이니 도리니 기마스

◆ 오후 6시에 택시를 불러주세요.

午後6時に タクシーを 呼んで ください。
고고 로꾸지니 다꾸시-오 욘데 구다사이

◆ 고맙습니다. 즐겁게 보냈습니다.

ありがとう。快適な 滞在でした。
아리가또-   가이떼끼나 다이자이데시따

◆ 좋은 하루 되세요

楽しい 一日に なりますように。
다노시이 이찌니찌니 나리마스요-니

◆ 그럼 조심해서 가세요.

では、気をつけて。
데와, 기오쓰께떼

05

관광

01 관광안내소에서

◆ 관광안내소는 어디에 있습니까?

観光案内所は どこですか。
강꼬－안나이쇼와 도꼬데스까

=**観光案内所は どこに ありますか。**
강꼬－안나이쇼와 도꼬니 아리마스까

◆ 관광객을 위한 안내서가 있습니까?

観光客の ための 案内書は ありますか。
강꼬－갸꾸노 다메노 안나이쇼와 아리마스까

◆ 네, 여기 있습니다.

はい、ここに あります。
하이   고꼬니 아리마스

◆ 이 도시의 관광안내 팜플렛이 있습니까?

この町の 観光案内 パンフレットは ありますか。
고노마찌노 강꼬－안나이 빤후렛또와 아리마스까

◆ 한국어 팜플렛 있습니까?

韓国語の パンフレットは ありますか。
강꼬꾸고노 빤후렛또와 아리마스까

◆ 아뇨, 영어와 일본어 팜플릿 밖에 없습니다.

いいえ、英語と 日本語の パンフレットしか ありません。
이-에   에이고또 니홍고노 빤후렛또시까 아리마셍

◆ 이 지역의 관광지는 어디입니까?

この 地域の 観光地は どこですか。
고노- 지이끼노 강꼬-찌와 도꼬데스까

◆ 오사카성입니다.

大阪城です。
오-가까죠-데스

◆ 스카이라이너는 어디에서 타요?

スカイライナーは どこで 乗りますか。
스까이라이나-와 도꼬데 노리마스까

◆ 한국어 가능한 가이드가 있습니까?

韓国語が できる ガイドは いませんか。
강꼬꾸고가 데끼루 가이도와 이마셍까

◆ 이 도시에서 볼만한 곳을 알려주세요.

この 町の 見どころを 教えて ください。
고노 마찌노 미도꼬로오 오시에떼 구다사이

◆ 예, 무엇에 흥미를 가지고 계십니까?

ええ、何に 興味を お持ちですか。
에에   나니니 교-미오 오모찌데스까

◆ 그 관광지의 어느 점이 좋습니까?

その 観光地の どの 点が お好きですか。
소노 강꼬-찌노 도노 뎅가 오스끼데스까

◆ 무엇부터 보시겠습니까?

どこから ご覧になりますか。
도꼬까라 고란니 나리마스까

◆ 번화한 곳에 가보고 싶습니다.

繁華街に 行きたいと 思います。
항까가이니 이끼따이또 오모이마스

◆ 벼룩시장은 어디서 합니까?

フリマは どこで やりますか。
후리마와 도꼬데 야리마스까

◆ 젊은이들이 좋아하는 장소는 어디입니까?

若者達の 好きな 場所は どこですか。
와까모노다찌노 스끼나 바쇼와 도꼬데스까

◆ 여기서 멉니까?

ここから 遠いですか。
고꼬까라 도-이데스까

◆ 거기에 어떻게 가야 하나요?

そこには どうやって 行けば いいですか。
소꼬니와 도-얏떼 이께바 이-데스까

◆ 축제는 하고 있나요?

お祭りは やって いますか。
오마쓰리와 얏떼 이마스까

◆ 경치가 좋은 곳을 아십니까?

景色が いい ところを ご存じですか。
게시끼가 이-도꼬로오 고존지데스까

= 景色の いい 所を 知っていますか。
게시끼노 이- 도꼬로오 싯떼이마스까

◆ 여기에서 유명한 온천은 어디인가요?

ここで 有名な 温泉は どこですか。
고꼬데 유-메이나 온셍와 도꼬데스까

02 관광하기

◆ 저것은 무엇입니까?

あれは 何_{なん}ですか。
아레와 난데스까

◆ 저 건물은 무엇입니까?

あの 建物_{たてもの}は 何_{なん}ですか。
아노 다떼모노와 난데스까

◆ 누가 살았습니까?

誰_{だれ}が 住_すんで いたのですか。
다레가 슨데이따노데스까

◆ 언제 세워졌습니까?

いつごろ 建_たてられたのですか。
이쓰고로 다떼라레따노데스까

◆ 1347년에 세워졌습니다.

1347年_{ねん}に 建_たてられました。
1347넨니 다떼라레마시따

◆ 이 건물은 왜 유명합니까?

この 建物_{たてもの}は なぜ 有名_{ゆうめい}なのですか。
고노 다떼모노와 나제 유-메이나노데스까

118

◆ 내부를 볼 수 있습니까?

内部を 見る ことが できますか。
나이부오 미루 고또가 데끼마스까

◆ 죄송합니다만, 내부는 볼 수 없습니다.

すみませんが、内部は 見られません。
스미마셍가   나이부와 미라레마셍

◆ 경치가 정말 아름답군요.

景色が すばらしいですね。
게시끼가 스바라시-데스네

◆ 관내를 안내할 가이드는 있습니까?

館内を 案内する ガイドは いますか。
간나이오 안나이스루 가이도와 이마스까

◆ 이 절은 언제 만들어졌습니까?

この お寺は いつ 建てられましたか。
고노 오데라와 이쓰 다떼라레마시다까

◆ 이 절이 일본에서 가장 오래 되었습니다.

この お寺が 日本で いちばん 古いです。
고노 오데라가 니혼데 이찌방 후루이데스

◆ 야경을 보려면 어디가 좋습니까?

夜景を 見るには どこが いいですか。
야께이오 미루니와 도꼬가 이-데스까

◆ 도쿄에서 가장 높은 빌딩은 무엇입니까?

東京で いちばん 高い ビルは 何ですか。
도-꾜-데 이찌방 다까이 비루와 난데스까

◆ 이 빌딩에 전망대는 있습니까?

この ビルに 展望台は ありますか。
고노 비루니 덴보-다이와 아리마스까

◆ 저는 도쿄타워를 보고 싶어요.

私は 東京タワーが みたいです。
와따시와 도-꾜-타와가 미따이데스

◆ 전망대에 오르는 것은 유료입니까?

展望台へ のぼるのは 有料ですか。
덴보-다이에 노보루노와 유-료-데스까

◆ 전망대까지 올라가는데 비용이 듭니다.

展望台に 登る ためには、費用が 掛かります。
덴보-다이니 노보루 다메니와 히요-가 가까리마스

◆ 도쿄를 한 바퀴 돌고 싶은데요.

東京を 一回りしたいんですが。
도-꾜-오 히또마와리 시따인데스가

◆ 하토 버스를 타면 도쿄 구경을 안심하고 할 수 있습니다.

はとバスに 乗ると 東京見物を 安心して できます。
하또바스니 노루또 도-꾜-겐부쓰오 안신시떼 데끼마스

◆ 기념품 가게는 어디에 있습니까?

お土産店は どこですか。
오미야게노미세와 도꼬데스까

◆ 제일 잘 팔리는 토산품은 무엇이죠?

一番 売れている お土産は 何ですか。
이찌방 우레떼이루 오미야게와 난데스까

◆ 몇 시까지 여기로 돌아오면 됩니까?

何時までに ここに 戻れば いいのですか。
난지마데니 고꼬니 모도레바 이-노데스까

◆ 1시간 자유시간입니다.

1時間 自由時間です。
이찌지깡 자유-지깐데스

03 긴급 상황

◆ 위급합니다.

緊急事態です。
きんきゅうじたい
깅뀨-지따이데스

◆ 자동차에 치었습니다.

車に ひかれました。
くるま
구루마니 히까레마시따

◆ 구급차를 불러주세요.

救急車を 呼んで ください。
きゅうきゅうしゃ　よ
규-뀨-샤오- 욘데 구다사이

◆ 다친 사람 있습니까?

けがを した 人は いませんか。
ひと
케가오 시타 히따와 이마셍까

◆ 여기 다친 사람이 있습니다.

ここに けがを した 人が います。
ひと
고꼬니 게가오 시따 히또가 이마스

◆ 부상 인원이 몇 명이죠?

けが人は 何人ですか。
にん　なんにん
게가닝와 난닝데스까

◆ 몇 명이 쓰러져 있어요.
何人か 倒れて います。
난닝까 다오레떼 이마스

◆ 위치가 어디입니까?
位置が どこですか。
이찌가 도꼬데스까

◆ 시청 바로 앞입니다.
市役所の すぐ 前です。
시야꾸쇼노 스구 마에데스

◆ 무슨 일이 일어났습니까?
何が 起ったんですか。
나니가 오꼿딴데스까

◆ 교통사고를 당했어요.
交通事故に 遭いました。
고-쓰지꼬니 아이마시따

◆ 괜찮습니까?
大丈夫ですか。
다이죠-부데스까

◆ 제 친구가 피를 흘리고 있습니다.
私の 友達が 血を 流して います。
와따시노 도모다찌가 지오 나가시떼 이마스

◆ 병원에 데려다 주세요.
病院に 連れて 行って ください。
뵤-잉니 쓰레떼 잇떼 구다사이

◆ 지금 구급차가 가고 있어요.

今 救急車が 向かっています。
이마 규-뀨-샤가 무깟떼이마스

◆ 의사를 불러주세요.

医師を 呼んで ください。
이시오 욘데 구다사이

◆ 경찰을 불러주세요

警察を 呼んで ください。
게이사쓰오 욘데 구다사이

◆ 도와줘요! 사고예요!

助けて！事故です！
다스께떼. 지꼬데스

◆ 위험해! 엎드려!

あぶない！伏せろ！
아부나이, 후세로!

◆ 조심하세요.

気をつけて ください。
기오 쓰께떼 구다사이

◆ 누가 와주세요

誰か 来て。
다레까 기떼

◆ 사람 살려!

助けてくれ！
다스께떼구레

04 분실이나 도난을 당했을 때

◆ 분실물 취급소가 어디 있습니까?

紛失物センターは どこですか。
훈시쓰부쓰 센따-와 도꼬데스까

◆ 뭐 잃어버렸어요?

何かを なくしたんですか。
나니까오 나꾸시딴데스까

◆ 여권을 잃어버렸습니다.

パスポートを なくしました。
빠스뽀-또오 나꾸시마시따

◆ 어디에서 잃어버렸어요?

どこで なくしたんですか。
도꼬데 나꾸시딴데스까

◆ 어디서 잃어버렸는지 기억이 나지 않습니다.

どこで なくしたか 覚えて いません。
도꼬데 나꾸시다까 오보에떼 이마셍

◆ 어떻게 하면 됩니까?

どうしたら いいですか。
도-시따라 이-데스까

◆ 재발급 수속을 해주세요.

再発給の 手続きを して ください。
사이핫뀨-노 데쓰즈끼오 시떼 구다사이

◆ 바로 재발행 됩니까?

すぐ 再発行して もらえますか。
스구 사이핫꼬-시떼 모라에마스까

◆ 네, 하루 걸립니다.

はい、一日 掛かります。
하이　　이찌니찌 가까리마스

◆ 찾으시면 이 곳으로 전화주세요.

見つかったら ここに 連絡して ください。
미쓰깟따라　　　고꼬니 렌라꾸시떼 구다사이

◆ 지하철에 가방을 두고 내렸어요.

地下鉄に かばんを 忘れました。
지까데쓰니 가방오 와스레마시따

◆ 지하철의 분실물 센터에 문의해 주십시오.

地下鉄の 紛失物センターに お問い合わせ ください。
지까데쓰노 훈시쓰부쓰센따-니 오도이아와세 구다사이

◆ 전철 안에서 지갑을 소매치기 당했어요.

電車の 中で 財布を すられました。
덴샤노 나까데 사이후오 스라레마시다

◆ 얼굴을 기억하세요?

顔を 覚えて いますか。
가오오 오보에떼 이마스까

◆ 무엇이 들어있습니까?
何が 入っていますか。
나니가 하잇떼 이마스까

◆ 현금 10만엔 정도와 신용카드가 들어있습니다.
現金 10万円ぐらいと クレジットカード が入っています。
겡낑 쥬-망엥구라이또 구레짓또카-도가 하잇떼이마스

◆ 카드는 은행에 신고해 주세요.
カードは 銀行に 届けて ください。
가-도와 깅꼬-니 도도께떼 구다사이

◆ 카드를 무효화해 주세요.
カードを 無効に して ください。
가-도오 무꼬-니 시떼 구다사이

◆ 외출 중에 방에 도둑이 들었어요.
外出中に 部屋を 荒されました。
가이슈쯔 쮸-니 헤야오 아라사레마시따

◆ 무엇을 도둑맞았어요?
何を 盗まれましたか。
나니오 누스마레마시다까

◆ 집 안에 있는 물건을 몽땅 도둑맞았어요.
家の 中の 物を 根こそぎ 盗まれました。
이에노 나까노 모노오 네꼬소기 누스마레마시따

◆ 경찰에 신고는 하셨습니까?
警察に 届けましたか。
게이사쯔니 도도께마시다까

◆ 아뇨, 아직입니다.

いいえ、まだです。
이-에 마다데스

◆ 도난 신고에 기입해 주세요.

盗難届に ご記入ください。
도-난도도께니 고끼뉴-구다사이

06

귀국

01 항공권 예약

◆ 여보세요. 일본항공입니까?

もしもし、日本航空ですか。
모시모시. 니홍고-꾸-데스까

◆ 인천행을 예약하고 싶은데요.

インチョン行きを 予約したいのですが。
인쫀 유끼오 요야꾸시따이노데스가

◆ 예약은 어디서 할 수 있습니까?

予約は どこで できますか。
요야꾸와 도꼬데 데끼마스까

◆ 내일 비행기는 예약이 됩니까?

明日の 便の 予約は できますか。
아시따노 빈노 요야꾸와 데끼마스까

◆ 죄송합니다만, 내일 비행편은 다 찼습니다.

申し訳ありませんが、明日の 便は 満席です。
모-시와께아리마셍가 아시따노 빙와 만세끼데스

◆ 서울로 가는 비행기 편이 있습니까?

ソウル行きの 飛行機は ありますか。
소우루유끼노 히꼬-끼와 아리마스까

◆ 매일 두 편씩 있습니다.
毎日 二便 あります。
마이니찌 니빙 아리마스

◆ 가능한 한 빠른 편이 좋겠어요.
できるだけ 早い 便の 方が いいです。
데끼루다께 하야이 빈노 호-가 이-데스

◆ 예약을 하고 싶습니다.
予約を したいと 思います。
요야꾸오 시따이또 오모이마스

◆ 다음 주 토요일에 떠나고 싶습니다.
来週の 土曜日に 出発したいと 思います。
라이슈-노 도요-비니 슛빠쯔시따이또 오모이마스

◆ 죄송합니다만, 좌석이 없습니다.
申し訳ございませんが、満席で ございます。
모-시와께고자이마셍가 만세끼데 고자이마스

◆ 다른 항공편은 없나요?
他の便は ありませんか。
호까노 빙와 아리마셍까

＝別の便は ありますか。
베쓰노빙와 아리마스까

◆ 예약 대기는 몇 명 정도입니까?
キャンセル待ちは 何人ぐらいですか。
갼세루마찌와 난닝구라이 데스까

◆ 대기자 명단에 올려주세요.

キャンセル待ちに して ください。
걍세루 마찌니 시떼 구다사이

◆ 다음 주 월요일은 어떻습니까?

来週の 月曜日は いかがですか。
라이슈-노 게쓰요-비와 이까가데스까

◆ 전화로 예약상황을 확인할 수 있습니다.

電話で 予約状況を ご確認できます。
뎅와데 요야꾸죠-꾜-오 고가꾸닌데끼마스

◆ 예약확인번호는 AB1234입니다.

予約確認番号は AB1234です。
요야꾸 가꾸닌방고-와 에-비-이찌니산용데스

◆ 몇 시까지 수속을 해야 하나요?

何時まで 手続きすれば いいですか。
난지마데 데쓰즈끼 스레바 이-데스까

◆ 탑승시간에 늦지 않도록 조심하세요.

搭乗時間に 遅れないように 気をつけて ください。
도-죠-지깐니 오꾸레나이요-니 기오 쓰께떼 구다사이

02 예약확인과 변경

◆ 예약 확인해 주세요.

予約の 確認を お願いします。
요야꾸노 가꾸닝오 오네가이시마스

◆ 항공권과 출발시간을 말씀해 주세요.

航空券と 出発時間を お願いします。
고-꾸-켕또 슛빠쓰지깡오 오네가이시마스

◆ 1월 3일 인천행 AE503편이요.

1月3日 インチョン行き AE503便です。
이찌가쓰 밋까 인쬰유끼 AE503빈데스

◆ 예약이 확인되었습니다.

予約が 確認できました。
요야꾸가 가꾸닌데끼마시다

◆ 네, 감사합니다.

はい、ありがとうございます。
하이 아리가또-고자이마스

◆ 분명히 예약했는데요.

間違いなく 予約を して います。
마찌가이나꾸 요야꾸오 시떼 이마스

◆ 예약번호를 알려주시겠습니까?

予約番号を 教えて 頂けますか。
요야꾸방고-오 오시에떼 이따다께마스까

◆ 즉시 확인해 주세요.

早速 確認して ください。
삿소꾸 가꾸닝시떼 구다사이

◆ 뭔가 착오가 생겼군요.

何か ミスが 起ったようです。
나니까 미스가 오꼿따요-데스

◆ 어떻게 해야 하나요?

どのように すれば いいですか。
도노요-니 스레바 이-데스까

◆ 죄송하지만 한 번 더 확인해 주세요.

申し訳ありませんが、もう 一度 確認ください。
모-시와께아리마셍가 모- 이찌도 가꾸닝구다사이

◆ 비행기 편을 변경할 수 있습니까?

便の 変更を お願いできますか。
빈노-헹꼬-오 오네가이 데끼마스까

＝飛行機便を 変更できますか。
히꼬-끼빙오 헹꼬-데끼마스까

◆ 언제로 변경하고 싶습니까?

いつに 変更されたいですか。
이쓰니 헹꼬-사레따이데스까

◆ 어떻게 변경하고 싶습니까?

どのように ご変更なさいますか。
도노요-니 고헹꼬- 나사이마스까

＝どのように 予約を 変更されますか。
도노요-니 요야꾸오 헹꼬-사레마스까

◆ 출발일을 변경하고 싶습니다.

出発の 日を 変更したいです。
슛빠쓰노 히오 헹꼬-시따이데스

◆ 6일자 같은 시간 편으로 해주세요.

6日の 同じ 時間の 便で お願いします。
무이까노 오나지 지깐노 빈데 오네가이시마스

◆ 예약을 취소하고 싶은데요.

予約を 取り消したいのですが。
요야꾸오 도리께시 따이노데스가

◆ 다른 항공사편을 조사해 주세요.

他の 会社の 便を 調べて ください。
호까노 가이샤노 빙오 시라베떼 구다사이

03 탑승수속

◆ 빨리 가주세요. 늦었습니다.

急いで ください。遅れているんです。
이소이데 구다사이 오꾸레떼 이룬데스

◆ 탑승수속은 어디서 합니까?

搭乗手続きは どこで するのですか。
도-죠-데쓰즈끼와 도꼬데 스루노데스까

◆ 대한항공 카운터가 어디입니까?

大韓航空の カウンターは どこですか。
다이깡고-꾸-노 가운따-와 도꼬데스까

◆ 출국수속을 밟고 싶은데요.

出国手続きを したいですが。
슛꼬꾸 데쓰즈끼오 시따이데스가

◆ 항공권과 여권을 주십시오.

航空券と パスポートを お願いします。
고-꾸-껜또 빠스포-또오 오네가이시마스

◆ 여기 있습니다.

ここに あります。
고꼬니 아리마스

◆ 창가와 통로 쪽 어느 것으로 하시겠습니까?

窓側と 通路側の どちらに しますか。

마도가와또 쓰-로가와노 도찌라니 시마스까

◆ 창가 자리로 부탁합니다.

窓側の 席を お願いします。

마도가와노 세끼오 오네가이시마스

◆ 친구의 옆 좌석으로 주세요.

友人と 隣り合わせの 席に して ください。

유-진또 도나리아와세노 세끼니 시떼 구다사이

◆ 맡기실 짐은 있으십니까?

お預けになる 荷物は ありますか。

오아즈께니나루 니모쯔와 아리마스까

◆ 맡길 짐은 없습니다.

預ける 荷物は ありません。

아즈께루 니모쯔와 아리마셍

◆ 이것은 기내에 가지고 들어갈 수 있어요?

これは 機内に 持ち込めますか。

고레와 기나이니 모찌꼬메마스까

◆ 이 짐은 규정중량을 초과했습니다.

この 荷物は 規定の 重量を 越えて おります。

고노 니모쯔와 기떼이노 쥬-료-오 고에떼 오리마스

◆ 탑승시간은 언제입니까?

搭乗時間は 何時ですか。

도-죠-지깡와 난지데스까

◆ 2시 35분입니다.
2時 35分です。
니지 산쥬-고훈데스

◆ 출발 30분 전까지 탑승해 주세요.
出発の 30分前までに 搭乗して ください。
슛빠쓰노 산짓뿡마에마데니 도-죠 시떼 구다사이

◆ 알겠습니다. 늦지 않도록 하겠습니다.
分かりました。遅れないように します。
와까리마시따   오꾸레나이요-니 시마스

◆ 인천행 탑승게이트 여기인가요?
インチョン行きの 搭乗ゲートは ここですか。
인쬰 유끼노 도-죠-게이또와 고꼬데스까

◆ 13번 게이트에서 탑승하세요.
13ゲートから 搭乗して ください。
13게이또까라 도-죠-시떼 구다사이

◆ 여기 탑승권이 있습니다.
搭乗券は これです。
도-죠-껭와 고레데스

◆ 이 문을 통과해 주세요.
この ドアを 通って ください。
고노 도아오 도옷떼 구다사이

◆ 가방을 컨베이어 위에 올려주세요.
かばんを コンベヤーに 上げて ください。
가방오 콤베야-니 아게떼 구다사이

07
식 사

01 식당을 찾을 때

◆ 이 근처에 맛있게 하는 음식점은 없습니까?

この 近くに おいしい レストランは ありませんか。
고노 지까꾸니 오이시- 레스또랑와 아리마셍까

◆ 어떤 레스토랑에 가고 싶으세요?

どんな レストランに 行きたいですか。
돈나 레스또랑니 이끼따이데스까

◆ 특별히 가고 싶은 식당이 있나요?

特に 行きたい レストランが ありますか。
도꾸니 이따이이 레스또랑가 아리마스까

◆ 맛있는 중국음식을 먹었으면 좋겠어요.

おいしい 中国料理が 食べたいと 思います。
오이시- 쥬-고꾸료-리가 다베따이또 오모이마스

◆ 적당한 가격에 맛있는 가게는 있습니까?

手頃な 値段で おいしい 店は ありますか。
데고로나 네당데 오이시- 미세와 아리마스까

◆ 어디 좋은 데 없나요?

どこか いい ところは ありませんか。
도꼬까 이- 도꼬로와 아리마셍까

◆ 피자는 어때요?

ピザは どうですか。
삐자와 도-데스까

◆ 좋은 생각입니다. 피자 배달시킵시다.

いい 考えです。ピザの 出前に しましょう。
이- 강가에데스. 피자노 데마에니 시마쇼-

◆ 그곳은 이 지역에서 유명한 곳인가요?

そこは この 地域で 有名な 所ですか。
소꼬와, 고노 지이끼데 유-메이나 도꼬르데스까

◆ 그 식당은 이 도시에서 유명해요.

その レストランは この 都市で 有名です。
소노 레스또랑와 고노 도시데 유-메이데스

◆ 그곳 음식이 아주 맛있습니다.

そこの 食べ物が とても おいしいです。
스꼬노 다베모노가 도떼모 오이시-데스

◆ 그 가게는 매우 신선한 해산물을 사용해요.

その 店は とても 新鮮な 海産物を 使っています。
소노 미세와 도떼모 신센나 가이산부쓰오 쓰깟떼이마스

◆ 식당이 많은 곳은 어디입니까?

レストランが 多いのは どの 辺りですか。
레스또랑가 오-이노와 도노 아따리데스까

◆ 가장 가까운 식당은 어디입니까?

一番 近い レストランは どこですか。
이찌방 지까이 레스또랑와 도꼬데스까

◆ 걸어서 갈 수 있습니까?

歩いて 行けますか。
아루이떼 이께마스까

◆ 이곳 사람들이 자주 가는 식당이 있습니까?

地元の 人が よく 行く レストランは ありますか。
지모또노 히또가 요꾸 이꾸 레스또랑와 아리마스까

◆ 이 지역 사람에게 인기 있는 가게입니까?

地元の 人に 人気が ある 店ですか。
지모또노 히또니 닝끼가 아루 미세데스까

◆ 이 레스토랑은 마음에 듭니까?

この レストランは 気に入りますか。
고노 레스또랑와 기니 이리마스까

◆ 좋은 것 같습니다.

いいと 思います。
이-또 오모이마스

◆ 이 근처의 유명한 식당을 소개해 주시겠어요?

この辺の おいしい 店を 紹介して ください。
고노 헨노 오이시- 미세오 쇼-까이시떼 구다사이

◆ 에찌고야라는 맛있는 가게가 있어요.

越後屋と いう おいしい 店が あるんですが。
에찌고야유- 오이시- 미세가 아룬데스가

◆ 맛있는 집을 소개해 주세요.

何か おいしい 店を 紹介して ください。
나니까 오이시- 미세오 쇼-까이시떼 구다사이

02 식당예약

◆ 여기서 예약할 수 있나요?

ここで 予約できますか。
고꼬데 요야꾸 데끼마스까

◆ 예약이 필요한가요?

予約が 必要ですか。
요야꾸가 히쓰요- 데스까

◆ 아니요. 그냥 오셔도 됩니다.

いいえ、予約なしで 結構です。
이-에, 요야꾸나시데 겟꼬-데스

◆ 그 식당을 예약해 주세요.

そのレストランに 予約して ください。
소노 레스또랑니 요야꾸시떼 구다사이

◆ 오늘밤 예약하고 싶은데요.

今晩、席を 予約したいのです。
곤방 세끼오 요야꾸 시따이노데스

◆ 죄송합니다만, 오늘밤은 이미 예약으로 꽉 차 있습니다.

すみませんが、今晩は 既に 予約で いっぱいです。
스미마셍가   곤방와 스데니 요야꾸데 잇빠이데스

143

◆ 손님은 몇 분이십니까?

お客様は 何人ですか。
오갸꾸사마와 난닌데스까

◆ 몇 시에 오실 예정이십니까?

何時に いらっしゃる 予定ですか。
난지니 이랏샤루 요떼이 데스까

◆ 오후 6시 반에 5명 갑니다.

午後 六時半に 五人で 行きます。
고고 로꾸지한니 고닌데 이끼마스

◆ 전원 같은 자리로 해주세요.

全員 いっしょの 席で お願いします。
젠잉 잇쇼노 세끼데 오네가이시마스

◆ 금연석으로 부탁합니다.

禁煙席に して ください。
깅엔세끼니 시떼구다사이

◆ 오후 6시에 4명 자리를 부탁해요.

午後6時に 4人の 席を お願いします。
고고 로꾸지니 요닌노 세끼오 오네가이시마스

◆ 몇 시라면 자리가 납니까?

何時なら 席を とれますか。
난지나라 세끼오 도레마스까

◆ 7시 정도면 자리가 날 것 같습니다.

7時くらいでしたら 席が 空きそうです。
시찌지구라이데시따라 세끼가 아끼소-데스

◆ 거기는 어떻게 갑니까?

そちらへは どうやって 行くのですか。
소찌라에와 도-얏떼 이꾸노데스까

＝そこへは どのようにして 行きますか。
소꼬에와 도노요-니 시떼 이끼마스까

◆ 성함을 말씀해 주시겠어요?

お名前を うかがえますか。
오나마에오 우까가에마스까

◆ 죄송합니다만 예정보다 늦을 것 같은데요.

すみませんが 予定より 遅くなりそうです。
스미마셍가 요떼이요리 오소꾸나리소-데스

◆ 복장규제는 있나요?

服装の 規制は あるんですか。
후꾸소-노 기세이와 아룬데스까

◆ 예약시간을 변경하고 싶은데요.

予約時間を 変更したいんですが。
요야꾸지깡오 헹꼬-시따인데스가

◆ 네, 언제라도 변경 가능 합니다.

はい、いつでも 変更できます。
하이, 이쓰데모 헹꼬-데끼마스

◆ 미안합니다. 예약을 취소하고 싶어요.

すみません。予約を 取り消したいのです。
스미마셍. 요야꾸오 도리께시따이노데스

03 자리배정

◆ 안녕하세요. 예약하셨나요?

こんばんは。ご予約は いただいていますか。
곤방와. 고요야꾸와 이따다이떼 이마스까

◆ 어서 오세요. 몇 분이신가요?

いらっしゃいませ。何名様でしょうか。
이랏샤이마세. 난메이사마데쇼-까

◆ 자리 있습니까?

席が ありますか。
세끼가 아리마스까

◆ 네, 마침 하나 비어 있습니다.

はい、一つ ちょうど 空いて います。
하이   히또쓰 죠-도 아이떼이마스

◆ 좌석까지 안내해 주십시오.

席まで 案内して いただけますか。
세끼마데 안나이시떼 이따다께마스까

◆ 이쪽으로 오세요.

こちらへ どうぞ。
고찌라에 도-조

◆ 몇 시 정도면 자리가 납니까?

何時なら 席を とれますか。

난지나라 세끼오 도레마스까

◆ 얼마나 기다려야 하나요?

どのくらい 待てば いいですか。

도노구라이 마떼바 이-데스까

◆ 15분에서 20분 될 것 같습니다만.

15分か 20分だと 思いますが。

쥬-고훙까 니짓뿐다또 오모이마스가

◆ 우리 앞에 몇 팀이나 기다리고 있습니까?

前に 何組 待っているんですか。

마에니 낭구미 맛떼 이룬데스까

◆ 한 잔 하면서 기다릴까?

飲みながら 待って いようか。

노미나가라 맛떼 이요-까

◆ 이렇게 붐빌 줄은 몰랐어.

こんなに 込んでいるとは 思わなかったな。

곤나니 곤데 이루또와 오모와나깟따나

◆ 안내해 드릴 때까지 기다려 주십시오.

ご案内するまで、お待ちください。

고안나이 스루마데, 오마찌 구다사이

◆ 동석해도 괜찮을까요?

相席しても いいでしょうか。

아이끼시떼모 이-데쇼-까

◆ 조용한 안쪽 자리로 부탁해요.

静かな 奥の席に お願いします。
시즈까나 오꾸노세끼니 오네가이시마스

◆ 창가 자리로 주세요.

窓側の 席を お願いします。
마도가와노 세끼오 오네가이시마스

◆ 흡연석으로 드릴까요?

喫煙席に しましょうか。
기쓰엔세끼니 시마쇼-까

◆ 금연석으로 부탁드립니다.

禁煙席に お願いします。
깅엔세끼니 오네가이시마스

◆ 저기 빈 테이블로 옮겨도 되겠습니까?

そこの 空いている テーブルに 移っても よろしいでしょうか。
소꼬노 아이떼이루 데-브루니 우쏫떼모 요로시- 데쇼-까

◆ 죄송합니다만, 거기는 예약석입니다.

すみませんが、そこは 予約席です。
스미마셍가 소꼬와 요야꾸세끼데스

04 식사주문

◆ 주문하시겠습니까?

ご注文よろしいですか。
고쥬-몽 요로시-데스까

◆ 메뉴 좀 주세요.

メニューを お願いします。
메뉴-오　　 오네가이시마스

◆ 네, 알겠습니다.

はい、かしこまりました。
하이 가시꼬마리마시따

◆ 지금 주문하시겠습니까?

今、注文されますか。
이마, 쥬-몬 사레마스까

◆ 조금 있다 주문하겠습니다.

ちょっと 後で 注文します。
쫏또 아또데 쥬-몬시마스

◆ (종업원을 부르며) 주문 좀 받으세요.

注文を したいのですが。
쥬-몽오 시따이노데스가

◆ 주문 하셨습니까?

注文しましたか。
쥬-몬 시마시다까

◆ 이미 주문했습니다.

もう 注文しました。
모- 쥬-몬시마시따

◆ 오늘의 특별요리가 뭐죠?

今日の スペシャルの 料理は 何ですか。
쿄-노 스뻬샤루노 료-리와 난데스까

◆ 여기서 잘하는 요리는 무엇입니까?

ここの 自慢料理は 何ですか。
고꼬노 지망료-리와 난데스까

◆ 이건 어떻게 먹으면 됩니까?

これは どうやって 食べたら いいですか。
고레와 도-얏떼 다베따라이-데스까

◆ 오늘의 추천 요리는 돈까스 정식입니다.

今日の おすすめの 料理は とんかつ定食です。
쿄-노 오스스메노료-리와 돈까쓰 데이쇼꾸데스

◆ 그럼 그것을 주십시오.

では、それを お願いします。
데와, 소레오 오네가이시마스

◆ 저도 같은 걸로 주세요.

私にも 同じ 物を お願いします。
와따시니모 오나지 모노오 오네가이시마스

150

◆ 빨리 되는 것 있습니까?

早く 出来上がる ものは ありますか。
하야꾸 데끼아가루 모노와 아리마스까

◆ 라면이 제일 빠릅니다.

ラーメンが 一番 早いのです。
라-멩가 이찌방 하야이노데스

◆ 바로 됩니까?

すぐ できますか。
스구 데끼마스까

◆ 좀 급한데요, 뭐가 빨리 되나요?

急いでいるんですが、何が 早く できますか。
이소이데 이룬데스가, 나니가 하야꾸 데끼마스까

◆ 빨리 좀 해주세요.

早く やってください。
하야꾸 얏떼 구다사이

◆ 이 가게에서 잘하는 요리는 무언가요?

この店の 自慢料理は 何ですか。
고노 미세노 지망료-리와 난데스까

◆ 이것은 무슨 요리인가요?

これは どういう 料理ですか。
고레와 도-유- 료-리데스까

05 식사하면서

◆ 맛은 어때요?

味は どうですか。
あじ
아지와 도-데스까

◆ 이 요리 맛있네요.

この 料理 うまいですね。
りょうり
고노 료-리 우마이데스네

◆ 한 그릇 더 주세요.

お代わりを ください。
か
오까와리오 구다사이

◆ 김치좀 더 주세요.

キムチ お代わりください。
か
기무찌 오까와리 구다사이

◆ 많이 집으세요.

たくさん 取って くださいね。
と
닥상 돗떼 구다사이네

◆ 무엇이든 잘 먹어요.

何でも よく 食べます。
なん   た
난데모 요꾸 다베마스

◆ 스테이크 괜찮아요?

ステーキは 大丈夫ですか。
스떼-키와 다이죠-부 데스까

◆ 아주 맛있어요.

すごく おいしいです。
스고꾸 오이시-데스

◆ 이것 좀 맛볼래요?

これ 味見して 見ますか。
고레, 아지미시떼 미마스까

◆ 유감스럽지만 입에 맞지 않는군요.

残念ながら 口に 合いません。
잔넨나가라 구찌니 아이마셍

◆ 싫으면 남기셔도 됩니다.

お嫌いでしたら 残しても いいんですよ。
오끼라이데시따라 노꼬시떼모 이인데스요

◆ 모두 나눠서 먹고 싶은데요.

皆で 分けて 食べたいのですが。
민나네 와께떼 다베따이노데스가

◆ 작은 접시를 갖다 주시겠어요?

小皿を 持って 來て もらえますか?
고사라오 못떼기떼 모라에마스까

◆ 수프 맛은 어때요?

スープの 味は どうですか。
스-뿌노 아지와 도-데스까

◆ 맛있네요.
美味しいです。
오이시-데스

◆ 어떤 음식을 좋아하세요?
どんな 食べ物が お好みですか。
돈나 다베모노가 오꼬노미데스까

◆ 지금까지 먹은 중에서 최고로 맛있었습니다.
今まで 食べた うちで 最高に おいしかったです。
이마마데 다베따 우찌데 사이꼬-니 오이시깟따데스

◆ 오늘저녁은 내가 낼게요.
今夜は 私の おごりです。
공야와 와따시노 오고리데스

◆ 커피 한 잔 마실까요?
コーヒーを 一杯 飲みましょうか。
고-히-오 잇빠이 노미마쇼-까

◆ 물 한 잔 주세요.
水を 一杯 ください。
미즈오 잇빠이 구다사이

◆ 이 식당 아주 좋네요.
この レストラン、いいですね。
고노 레스또랑 이-데스네

◆ 단골이에요.
お得意さんです。
오도꾸이상데스

06 식당에서의 트러블

◆ 주문한 요리가 아직 나오지 않았습니다.

注文した 料理が まだ 来ておりません。
쥬-몬시따 료-리가 마다 기떼 오리마셍

◆ 정말 죄송합니다. 바로 확인해 보겠습니다.

大変 申し訳ございません。すぐ 確認致します。
다이헹 모-시와께 고자이마셍. 스구 가꾸닝이따시마스

◆ 주문을 확인해 주실래요?

注文を 確かめてください。
쥬-몽오 다시까메떼 구다사이

◆ 어느 정도 기다려야 합니까?

どのくらい 待ちますか。
도노구라이 마찌마스까

＝どのくらい 待つ 必要が ありますか。
도노구라이 마쓰 히쓰요-가 아리마스까

◆ 벌써 30분이나 기다리고 있습니다.

もう 三十分も 待っております。
모- 산짓뿡모 맛떼 오리마스

◆ 아직 시간이 많이 걸립니까?

まだ だいぶ 時間が かかりますか。
마다 다이부 지깡가 가까리마스까

◆ 좀 서둘러 주시겠어요?

ちょっと 急いで 頂けますか。
쫏또 이소이데 이따다께마스까

◆ 이것은 주문하지 않았습니다.

これは 注文して いません。
고레와 쥬-몬시떼 이마셍

◆ 이것은 제가 주문한 것과는 다릅니다.

これは 私が 注文した ものとは 違います。
고레와 와따시가 쥬-몬시따 모노또와 지가이마스

◆ 이것 아직 덜 익은 거 같아요.

これは まだ 火が 通っていないようです。
고레와 마다 히가 도옷떼 이나이요-데스

◆ 이 수프 식었습니다.

この スープは 冷めて います。
고노 스-뿌와 사메떼 이마스

◆ 수프 좀 데어주시겠습니까?

スープを 暖めて もらえますか。
스-뿌오 아따다메떼 모라에마스까

◆ 글라스가 조금 더러운 것 같습니다.

グラスが 少し 汚れているようです。
구라스가 스꼬시 요고레떼이루요-데스

◆ 죄송합니다. 바꾸겠습니다.

申し訳ありません。 取り替えます。
모-시와께아리마셍　　　　도리까에마스

◆ 콜라에 뭔가 들어가 있습니다.

コーラに 何か 入っています。

고-라니 나니까 하잇떼이마스

◆ 새것으로 바꿔 주세요.

新しいものに 替えてください。

아따라시- 모노니 가에떼 구다사이

◆ 이 요리를 데워주세요.

この 料理を 暖めてください。

고노 료-리오 아따다메떼 구다사이

◆ 너무 매워요.

辛すぎます。

가라스기마스

◆ 이 포크는 더러워요. 다른 것으로 바꿔 주세요.

この フォークは 汚れてます。別のと 替えて くれませんか。

고노 훠-꾸와 요고레떼이마스. 베쓰노또 가에떼 구레마셍까

◆ 접시가 깨졌어요.

お皿が 割れています。

오사라가 와레떼 이마스

07 술집에서

◆ 오랜만에 한 잔 할까요?

久しぶりに 一杯 やりましょうか。

히사시부리나 잇빠이 야리마쇼-까

◆ 무엇을 마시겠습니까?

何を 飲みますか。

니니오 노미마스까

◆ 우선 맥주를 주세요.

とりあえず ビールを ください。

도리아에즈 비-루오 구다사이

◆ 어떤 술을 제일 좋아합니까?

どんな お酒が 一番 好きですか。

돈나 오사께가 이찌방 스끼데스까

◆ 저는 맥주를 가장 좋아합니다.

私は ビールが 一番 好きです。

와따시와 비-루가 이찌방 스끼데스

◆ 소주는 어때?

焼酎は どうだい。

쇼-쮸-와 도-다이

158

◆ 맥주는 어느 브랜드로 하시겠습니까?

ビールは どの ブランドに しますか。
비-루와 도노 브란도니 시마스까

◆ 일본 브랜드는 거의 모두 있습니다.

日本の 銘柄は ほとんど 全部 あります。
니혼노 메이가라와 호똔도 젠부 아리마스

◆ 맥주 한 병 주십시오.

ビール 一本下さい。
비-루, 잇뽕 구다사이

◆ 안주는 무엇으로 하시겠어요?

おつまみは 何に なさいますか。
오쓰마미와 나니니 나사이마스까

◆ 한 병 더 주세요.

もう 一本 お代わりください。
모- 잇뽕 오까와리 구다사이

◆ 네, 알겠습니다. 조금만 기다려 주세요.

はい、かしこまりました。少々 お待ちください。
하이 가시꼬마리마시따 쇼-쇼- 오마찌구다사이

◆ 더 마실래요?

もっと 飲みますか。
못또 노미마스까

◆ 한 병 더 마셔요.

もう 一本 飲みましょう。
모- 잇뽕 노미마쇼-

◆ 생맥주 있습니까?

生ビールは ありますか。
나마비-루와 아리마스까

◆ 생맥주 두 잔 주세요.

生ビール 二つ ください。
나마비-루 후따쓰 구다사이

◆ 맥주가 별로 차갑지 않네요.

ビールが あまり 冷えて いません。
- 아마리 히에떼 이마셍

◆ 너무 많이 마신 것 같아요.

飲み過ぎのようですね。
노미스기노 요- 데스네

＝飲み過ぎたみたいだ。
노미스기따미따이다

◆ 뭘 위해 건배를 할까요?

何の 乾杯を しましょうか。
난노 간빠이오 시마쇼-까

◆ 모두의 건강을 위하여, 건배!

皆の 健康の ために、乾杯！
민나노 겡꼬-노 다메니, 간빠이

◆ 그렇게 마셔도 괜찮니?

そんなに 飲んで 大丈夫？
손나니 논데 다이죠-부

◆ 2차 안 갈래?

二次会に行かない？
니지까이니 이까나이

◆ 오늘저녁은 적당히 마시자.

今夜はほどほどにしようよ。
공야와   호도호도니 쇼-요

◆ 노래방에 가자.

カラオケに行こうよ。
가라오께니 이꼬-요

08 계산할 때

◆ 계산서 좀 가져다주시겠어요?

勘定書 お願いします。
간죠-가끼 오네가이시마스

◆ 전부해서 얼마입니까?

全部で おいくらですか。
젠부데 오이꾸라 데스까

◆ 여기서 계산하나요?

ここで 支払いますか。
고꼬데 시하라이마스까

＝ここで 勘定しますか。
고꼬데 간죠-시마스까

◆ 이건 무슨 요금이죠?

この 料金は 何ですか。
고노 료-낑와 난데스까

＝この 金額は 何ですか。
고노 깅가꾸와 난데스까

◆ 도대체 어떻게 이런 금액이 나옵니까?

いったい どうして こんな 金額に なるんですか。
잇따이 도-시떼 곤나 깅가꾸니 나룬데스까

◆ 계산이 틀린 것 같은데요
計算が 間違っているようです。
게이상가 마찌갓떼 이루요-데스

◆ 다시 확인하겠습니다.
再度、確認いたします。
사이도 가꾸닝이따시마스

◆ 각자 냅시다.
別々に 払いましょう。
베쓰베쓰니 하라이마쇼-

◆ 이건 제가 내겠습니다.
これは 私が 支払い致します。
고레와 와따시가 시하라이 이따시마스

◆ 신용카드 받으세요?

クレジットカードでも いいですか。
구레짓토 가-도데모 이-데스까

＝クレジットカードは 使えますか。
구레짓토가-도와 쓰까에마스까

◆ 현금으로 하시겠어요, 카드로 하시겠어요?
現金に しますか、カードに しますか。
겡낀니 시마스까 가-도니 시마스까

◆ 현금으로 낼게요.
現金で 払います。
겡낀데 하라이마스

◆ 봉사료는 포함되어 있습니까?

サービス料は 入っていますか。
사-비스료-와 하잇떼 이마스까

＝サービス料込みですか。
사-비스료-꼬미데스까

◆ 거스름돈이 틀린 것 같은데요.

おつりが 違っているようですが。
오쓰리가 지갓떼이루 요-데스가

＝おつりが 間違っているようですが。
오쓰리가 마찌갓떼이루요-데스가

◆ 영수증을 주세요.

領収書を ください。
료-슈-쇼오 구다사이

＝レシートを ください。
레시-또오 구다사이

09 페스트푸드점에서

◆ 치즈버거와 콜라를 주세요.

チーズバーガーと コーラを ください。
지즈바가또 고라오 구다사이

◆ 샌드위치 두 개 주세요.

サンドイッチ 二つ ください。
산도잇찌 후따쓰 구다사이

◆ 5분 정도 걸리니, 잠시만 기다려 주세요.

五分くらい かかりますので、もう しばらく お待ちください。
고훙구라이 가까리마스노데, 모-시바라꾸 오마찌구다사이

◆ 여기서 드실 건가요? 가져가실 건가요?

ここで 召し上がりますか？ お持ち帰りですか。
고꼬데 메시아가리마스까, 오모찌까에리데스까

◆ 여기에서 먹을 거에요.

ここで 食べます。
고꼬데 다베마스

◆ 가지고 갈 거에요.

持って 帰ります。
못떼 가에리마스

◆ 어떤 음료로 하시겠어요?

お飲み物は 何に なさいますか。
오노미모노와 나니니 나사이마스까

◆ 환타 M사이즈로 주세요.

ファンタの エムを ください。
환따노 엠오 구다사이

◆ 콜라에 얼음을 빼주세요.

コーラは 氷なしで お願いします。
고-라와 고-리나시데 오네가이시마스

＝コーラに 氷を 入れないで ください。
고-라니 고-리오 이레나이데 구다사이

◆ 어떤 사이즈를 원하십니까?

どの サイズに しますか。
도노 사이즈니 시마스까

◆ 가장 작은 사이즈를 주십시오.

一番 小さい サイズを ください。
이찌방 지-사이 사이즈오 구다사이

◆ L사이즈로 주세요.

エルサイズを お願いします。
에루 사이즈오 오네가이시마스

◆ 네, 알겠습니다.

はい、かしこまりました。
하이 가시꼬마리마시따

◆ 겨자 넣어주세요.

マスタードを 付けて ください。
마스따-도오 쓰께떼 구다사이

◆ 케첩을 주세요.

ケチャップを ください。
케챳뿌오 구다사이

◆ 마요네즈를 바르겠습니까?

マヨネーズは つけますか。
마요네즈와 쓰께 마스까

◆ 아뇨, 됐습니다.

いいえ、結構です。
이-에 겟꼬-데스

08

쇼 핑

01 가게를 찾을 때

◆ 실례합니다. 이 근처에 백화점이 있나요?

すみません。この 辺りに デパートはありませんか。
스미마셍　　　　　고노 아따리니 데빠-또와 아리마셍까

◆ 쇼핑센터는 어디에 있습니까?

ショッピングセンターは どこに ありますか。
쇼삥구 센따-와　　　도꼬니 아리마스까

◆ 할인점은 어디에 있습니까?

割引店は どこに ありますか。
와리비끼뗑와 도꼬니 아리마스까

◆ 가장 가까운 슈퍼는 어디에 있습니까?

一番近い スーパーは どこですか。
이찌방 지까이 스빠와 도꼬데스까

◆ 이 도시의 쇼핑가는 어디입니까?

この 町の 商店街は どこですか。
고노 마찌노 쇼-뗑가이와 도꼬데스까

◆ 뭘 사고 싶은데요?

何が 買いたいですか。
나니가 가이따이데스까

◆ 친구에게 선물로 줄 화장품을 좀 사려구요

友達に あげる 化粧品を 買いたいんですが。
도모다찌니 아게루 게쇼-힝오 가이따인데스가

◆ 여기에서 멉니까?

ここから 遠いですか。
고꼬까라 도-이 데스까

◆ 아뇨, 그렇게 멀지 않습니다.

いいえ、そんなに 遠く ありません。
이-에   손나니 도-꾸 아리마셍

◆ 세일은 어디에서 하고 있습니까?

バーゲンは どこで やっていますか。
바-겡와   도꼬데 얏떼 이마스까

◆ 면세점은 있습니까?

免税店は ありますか。
멘제이뗑와 아리마스까

◆ 네, 이층에 있습니다.

はい、二階に あります。
하이   니까이니 아리마스

◆ 편의점을 찾고 있어요.

コンビニを 探しています。
곤비니오 사가시떼 이마스

◆ 영업시간은 몇 시부터 몇 시까지입니까?

営業時間は 何時から 何時までですか。
에이교-지깡와 난지까라   난지마데데스까

◆ 몇 층에 식당가가 있습니까?
何階に 食堂街が ありますか。
낭까이니 쇼꾸도-가이가 아리마스까

◆ 식당가는 지하 1층에 있습니다.
食堂街は 地下 一階に あります。
쇼꾸도-가이와 지까 잇까이니 아리마스

◆ 신사복 매장은 어디입니까?
紳士服コーナーは どこですか。
신시후꾸 고-나와 도꼬데스까

◆ 보석은 어디에서 살 수 있어요?
宝石は どこで 買えますか。
호-세끼와 도꼬데 가에마스까

◆ 아동복은 몇 층에 있나요?
子供服は 何階に ありますか。
고도모후꾸와 낭까이니 아리마스까

◆ 기념품은 어디에서 파나요?
記念品は どこで 売って いますか。
기넹힝와 도꼬데 웃떼 이마스까

◆ 일본에서 가장 유명한 백화점은 어디에 있습니까?
日本で 一番 有名な デパートは どこに ありますか。
니혼데 이찌방 유-메이나 데빠-또와 도꼬니 아리마스까

172

02 물건을 찾을 때

◆ 찾으려는 물건이 있으세요?

何か お探しですか。
나니까 오사가시 데스까

◆ 그냥 구경하고 있어요.

ちょっと 見ているだけです。
쫏또 미떼이루다께데스

◆ 손님, 무엇을 도와드릴까요?

お客様、どのような 御用でしょうか。
오갸쿠사마   도노요-나 고요-데쇼-까

◆ 어떤 종류를 찾고 계신가요?

どんな 種類を お探しですか。
돈나 슈루이오 오사가시데스까

◆ 아내에게 선물할 것을 찾고 있습니다.

妻への プレゼントを 探して います。
쓰마에노 뿌레젠또오 사가시떼 이마스

◆ 특별히 찾으시는 상표가 있으세요?

探している ブランドは ありますか。
사가시떼이루 부란도와   아리마스까

173

◆ 필요한 것이 있으시면 말씀하십시오.

何か 御用が ありましたら、お知らせください。
나니까 고요-가 아리마시따라, 오시라세 구다사이

◆ 여기 잠깐 봐 주시겠어요?

ここ、ちょっと、見て頂けますか。
고꼬, 쫏또, 미떼 이따다께마스까

◆ 이건 여성용 인가요?

これは 女性用ですか。
고레와, 죠세이요-데스까

◆ 어떤 브랜드를 찾으세요?

どんな ブランドを 探しているんですか。
돈나 부란도오 사가시떼 이룬데스까

◆ 나이키요.

ナイキです。
나이끼데스

◆ 아내에게 줄 선물을 찾고 있습니다.

妻に あげる プレゼントを 探しています。
쓰마니 아게루 뿌레젠또오 사가시떼 이마스

◆ 좀처럼 마음에 드는 것이 보이질 않네요.

なかなか 気に入るのが 見当たらないですね。
나까나까 기니 이루노가 미아따라나이데스네

◆ 청바지 있어요?

ジーパンは ありますか。
지-빵와 아리마스까

◆ 저걸 보여 주세요.

あれを 見せて ください。
아레오 미세떼 구다사이

◆ 이것과 같은 것은 있습니까?

これと 同じも のは ありますか。
고레또 오나지 모노와 아리마스까

◆ 캐주얼한 것을 찾고 있습니다.

カジュアルな ものを 探しています。
가쥬아루나 모노오 사가시떼 이마스

◆ 여자친구에게 선물할 목걸이를 찾고 있어요.

彼女に プレゼントする ネックレスを 探しているんです。
가노죠니 뿌레젠또스루 넥꾸레스오 사가시떼 이룬데스

◆ 이것은 어떠세요?

これは いかがですか。
고레와 이까가데스까

◆ 이 모델의 텔레비전을 찾고 있는데요.

この モデルの テレビを 探してるんですが。
고노 모데루노 데레비오 사가시떼룬데스가

◆ 그 상품의 제조는 작년으로써 종료되었습니다.

その 商品の 製造は 去年を もって 終了させて いただきました。
소노 쇼-힌노 세이조-와 교넹오 못떼 슈-료-사세떼 이따다끼마시따

03 옷을 구입할 때

◆ 어서 오세요.

いらっしゃいませ。
이랏샤이마세

◆ 어떤 스타일을 찾으세요?

どんな スタイルを お探しですか。
돈나 스따이루오 오사가시데스까

◆ 이것이 최신 상품인가요?

これが 最新の 商品ですか。
고레가 사이신노 쇼-힌데스까

◆ 이 디자인이 요즘 유행하나요?

この デザインは 流行っていますか。
고노 데자잉와 하얏떼 이마스까

◆ 다른 디자인은 있나요?

他の デザインは ありますか。
호까노 데자잉와 아리마스까

◆ 저것을 보여주세요.

あれを 見せて ください。
아레오 미세떼 구다사이

◆ 너무 화려하군요.

おしゃれすぎます。
오샤레스기마스

◆ 이것보다 수수한 것을 찾고 있어요.

これより 地味な ものを 探しています。
고레요리 지미나 모노오 사가시떼이마스

◆ 다른 것을 보여주시겠어요?

別の ものを 見せて 頂けますか。
베쓰노 모노오 미세떼 이따다께마스까

◆ 이것은 어떠세요?

これは いかがですか。
고레와 이까가데스까

◆ 이거 어울립니까?

これ 似合いますか。
고레 니아이 마스까

◆ 손님한테 어울릴 것 같은데요.

お客様に 似合いそうです。
오갸꾸사마니 니아이소-데스

◆ 입어봐도 됩니까?

着てみても いいですか。
기떼 미떼모 이-데스까

◆ 한 번 입어 보세요.

一度、試着を して 見せてください。
이찌도 시쨔꾸오 시떼 미세떼 구다사이

◆ 사이즈가 얼마죠?

サイズは おいくつですか。
사이즈와 오이꾸쓰데스까

◆ 사이즈를 잘 모르는데요.

サイズを よく 分かりません。
사이즈오 요꾸 와까리마셍

◆ 탈의실이 어디죠?

試着室は どこですか。
시짜꾸시쓰와 도꼬데스까

◆ 좀 끼이네요.

ちょっと きついですね。
죳또 기쓰이데스네

◆ 좀 더 큰 사이즈 있습니까?

もうちょっと 大きい サイズが ありますか。
모-죳또 오-끼- 사이즈가 아리마스까

◆ 딱 맞네요.

ぴったりです。
삣따리 데스

◆ 이거 다른 색상으로 있어요?

これ 違う 色は ありますか。
고레 지가우 이로와 아리마스까

◆ 무슨 색이 있나요?

何色が ありますか。
나니이로가 아리마스까

◆ 파랑, 빨강, 하양이 있습니다.
青、赤、白が あります。
아오 아까 시로가 아리마스

◆ 일본 제품입니까?
日本製ですか。
니혼세이데스까

04 가격흥정과 계산할 때

◆ 이거 얼마죠?

これ いくらですか。
고레 이꾸라데스까

◆ 200엔입니다.

200円です。
니햐꾸엔데스

◆ 너무 비싸네요. 깎아주실래요?

高すぎます。負けて くれませんか。
다까스기마스.　마께떼 구레마셍까

◆ 죄송합니다만 이미 20% 할인가격인 걸요.

申し訳ございませんが、もう 20% 割引きに なって います。
모-시와께고자 이마셍가 모- 니짓빠센토 와리비끼니 낫떼이마스

◆ 더 싼 것은 없나요?

もっと 安い 物は ありませんか。
못또 야스이 모노와 아리마셍까

◆ 좀 비싸군요.

ちょっと 高いですね。
좃또 다까이데스네

◆ 조금 싸게 해주세요.

少し 安くなりませんか。
스꼬시 야스꾸나리마셍까

◆ 깎아주면 사겠습니다.

負けてくれたら 買います。
마께떼 구레따라 가이마스

◆ 이것은 세일하는 중인가요?

これは セール中ですか。
고레와 세-루 쮸-데스까

◆ 이걸로 하겠습니다. 선물용으로 포장해 주세요.

これに します。ギフト用に 包んで ください。
고레니 시마스 기후또요-니 쓰쓴데 구다사이

◆ 지불은 어떻게 하시겠어요?

お支払は どうなさいますか。
오시하라이와 도-나사이 마스까

◆ 현금으로 지불하겠습니다.

現金で 払います。
겡낑데 하라이마스

◆ 카드로 지불이 되나요?

カードで 支払いできますか。
가-도데 시하라이 데끼마스까

◆ 죄송합니다. 현금만 받습니다.

すみません。現金しか 扱って いません。
스미마셍 겡낑시까 아쓰깟떼 이마셍

◆ 현금으로 지불하면 더 싸게 해주시나요?

現金払いなら 安くなりますか。
겡낑바라이나라 야스꾸 나리마스까

◆ 할부로 살 수 있나요?

分割払いで 買えますか。
붕까쓰 바라이데 가에마스까

◆ 두 개 사면 깎아주나요?

二つ 買ったら 値引きして もらえますか。
후따쓰 갓따라 네비끼시떼 모라에마스까

◆ 여행자용 수표라도 괜찮아요?

旅行者用の 小切手でも いいですか。
료꼬-샤요-노 고깃떼데모 이-데스까

◆ 가격은 적당하군요. 그걸 주세요.

値段は 手頃ですね。それを ください。
네당와 데고로데스네 소레오 구다사이

◆ 저거 얼마죠?

あれ いくらですか。
아레 이꾸라데스까

◆ 이 파란 거 말인가요?

この 青色ですか。
고노 아오이로데스까

◆ 영수증 하나 주시겠어요?

レシートを くださいませんか。
레시-또오 구다사이마셍까

05 포장과 배송

◆ 선물용으로 포장해 드릴까요?

ギフト用で 包装しましょうか。
기후또요-데 호-소-시마쇼-까

◆ 네, 선물용으로 포장해 주세요.

はい。ギフト用に 包装してください。
하이 기후또요-니 호-소-시떼구다사이

◆ 같이 포장해 주세요.

一緒に 包装してください。
잇쇼니 호-소-시떼 구다사이

◆ 이것들을 따로따로 싸 주세요.

これらを 別々に 包んで もらえますか。
고레라오 베쓰베쓰니 쓰쓴데 모라에마스까

=これらを 別々に 包んでください。
고레라오 베쓰베쓰니 쓰쓴데구다사이

◆ 봉투에 담을까요?

袋に 入れますか。
후꾸로니 이레마스까

◆ 종이백에 넣어주세요.

紙のバックに 入れて ください。
가미노 밧꾸니 이레떼 구다사이

◆ 이것을 넣을 박스좀 얻을수 있나요?

これを 入れる ボックスを いただけますか。
고레오 이레루 복꾸스오 이따다께 마스까

◆ 포장비도 내야 하나요?

包装代も 払うんですか。
호-소-다이모 하라운데스까

◆ 제 호텔까지 배달해 줄 수 있습니까?

私の ホテルまで、配達して 頂けますか。
와따시노 호떼루마데, 하이다쓰시떼 이따다께마스까

◆ 언제 배달해 주시겠습니까?

いつ 配達して 頂けますか。
이쓰 하이다쓰시떼 이따다께마스까

＝いつ 届けて もらえますか。
이쓰 도도께데 모라에마스까

◆ 오늘 중으로 배달해 주었으면 하는데요?

今日中に 届けて ほしいのです。
교-쥬-니 도도께떼 호시-노데스

◆ 별도의 요금이 듭니까?

別料金が かかりますか。
베쓰료-낑가 가까리마스까

◆ 이 주소로 보내주세요.

この 住所に 送って ください。
고노 쥬-쇼니 오꿋떼 구다사이

◆ 이 카드를 첨부해서 보내주세요.

この カードを 添えて 送って ください。
고노 카-도오 소에떼 오꾸떼 구다사이

◆ 한국의 제 주소로 보내 주시겠어요?

韓国の 私の 住所宛に 送って もらえますか。
강고꾸노 와따시노 쥬-쇼아떼니 오꿋테 모라에마스까

◆ 한국까지 며칠 정도 걸립니까?

韓国まで 何日くらい かかりますか。
강꼬꾸마데 난니찌구라이 가까리마스까

◆ 항공편으로 얼마나 듭니까?

航空便なら いくら かかりますか。
고-꾸-빈나라 이꾸라 가까리마스까

◆ 항공편으로 부탁합니다.

航空便で お願いします。
고-꾸-빈데 오네가이시마스

06 교환과 환불을 원할 때

◆ 환불이 가능한가요?

払い戻して 頂けますか。
하라이모도시떼 이따다께마스까

◆ 반품해 주세요.

返品して ください。
헨삥시떼 구다사이

＝返品 お願いします。
헨삥 오네가이시마스

◆ 교환할 수 있습니까?

交換して 頂けますか。
고-깐시떼 이따다께마스까

◆ 네, 교환 가능합니다.

はい、交換できます。
하이   고-깡데끼마스

◆ 여기에 흠집이 있습니다.

ここに 傷が あります。
고꼬니 기즈가 아리마스

◆ 어디 좀 보여 주시겠어요?

ちょっと 見せて ください。
죳또 미세떼 구다사이

◆ 새것으로 바꿔 드리겠습니다.

新しい ものと お取り替えします。
아따라시- 모노또 오또리까에 시마스

◆ 구입시에 망가져 있었습니까?

ご購入時に 壊れて いましたか。
고고-뉴-도끼니 고와레떼 이마시다까

◆ 샀을 때는 몰랐습니다.

買った ときには 気がつきませんでした。
갓 따 도끼니와 기가 쓰끼마센데시따

◆ 다른 것으로 바꿔 주시겠습니까?

別の ものと 取り替えて いただけますか。
베쓰노 모노또 도리까에떼 이따다께마스까

◆ 영수증은 가지고 계십니까?

レシートは お持ちですか。
레시-또와 오모찌데스까

◆ 예, 가지고 있습니다.

はい、持っています。
하이   못떼이마스

◆ 어제 샀습니다.

昨日 買いました。
기노- 가이마시따

◆ 아직 쓰지 않았습니다.

まだ 使って いません。
마다 쓰깟떼 이마셍

◆ 몇 번인가 사용했을 뿐인데 망가졌습니다.

何回か 使っただけで、壊れて しまいました。
낭까이까 쓰깟따다께데, 고와레떼 시마이마시따

◆ 수리해 주든지 환불해 주시겠어요?

修理するか、お金を 返して いただけますか。
슈-리스루까 오까네오 가에시떼 이따다께마스까

◆ 이것을 교환하고 싶은데요.

これを 交換したいんですが。
고레오 고-깐시따인데스가

◆ 무슨 문제라도 있나요?

何か 問題でも。
나니까 몬다이데모

◆ 사이즈가 맞지 않아요.

サイズが 合いませんでした。
사이즈가 아이마센데시따

◆ 여기가 더럽습니다.

ここが 汚れて いるんです。
고꼬가 요고레떼 이룬데스

◆ 어디로 가면 되나요?

どこに 行けば いいのですか。
도꼬니 이께바 이-노데스까

09

교통

01 길 묻기

◆ 어디 가세요?

どこへ いらっしゃるのですか。
도꼬에 이랏샤루노데스까

◆ 길을 잃었나요?

道に 迷って いらっしゃるのですか。
미찌니 마욧떼 이랏샤루노데스까

◆ 네, 그렇습니다. 여기는 어느 근처인가요?

はい、そうなのです。ここは どの 辺りですか。
하이 소-나노데스   고꼬와 도노 아따리데스까

◆ 죄송합니다. 여기에 어떻게 가야 하는지 알려주세요.

すみません。ここへの 行き方を 教えて ください。
스미마셍   고꼬에노 이끼까따오   오시에떼 구다사이

◆ 곧장 가십시오.

まっすぐに 行ってください。
맛스구니 잇떼구다사이

◆ 국립 박물관은 어떻게 가나요?

国立博物館は どう 行けば いいですか。
고꾸리쓰 하꾸부쓰깡와 도- 이께바 이-데스까

◆ 저기에서 좌회전 하면 됩니다.

あそこで 左に 曲がると いいです。
아소꼬데 히다리니 마가루또 이-데스

◆ 찾기 쉬운가요?

見つけ易いですか。
미쯔께 야스이데스까

◆ 네, 매우 찾기 쉬워요

はい、とても 見つかり易いです。
하이   도떼모 미쯔까리야스이데스

◆ 제가 약도를 그려드릴게요.

私が 略図を 書いて あげます。
와따시가 랴꾸즈오 가이떼 아게마스

◆ 호의에 감사드려요

ご好意 ありがとう。
고고-이 아리가또-

◆ 여기서 가깝습니까?

ここから 近いのですか。
고꼬까라 지까이노데스까

◆ 걸어서 갈 수 있는 거리입니까?

歩いて いける 距離ですか。
아루이떼 이께루 교리데스까

◆ 여기서 걸어서 약 5분 정도 걸려요.

ここから 歩いて ほんの 五分ほどです。
고꼬까라 아루이떼   혼노 고훙 호도데스

◆ 이 주소는 어떻게 가면 되나요?

この 住所へは どう 行けば いいのですか。
고노 쥬-쇼에와 도- 이께바 이-노데스까

◆ 저도 그쪽으로 가니 따라오세요.

私も そちらの 方向へ 行きますから お連れしましょう。
와따시모 소찌라노 호-꼬-에 이끼마스까라 오쓰레시마쇼-

◆ 이 길을 곧장 가세요.

この道を 真っ直ぐ 行って ください。
고노 미찌오 맛스구   잇떼 구다사이

◆ 미안합니다. 잘 모르겠어요.

すみません。よく わかりません。
스미마셍.   요꾸 와까리마셍

◆ 다른 사람에게 물어보세요.

だれか ほかの 人に 聞いて ください。
다레까 호까노 히또니 기-떼 구다사이

◆ 경찰에게 물어보는 게 좋겠네요.

警察に 聞いた 方が いいです。
게이사쯔니 기이따 호-가 이-데스

◆ 책방을 찾고 있는데 이 근처에 있습니까?

本屋を 探してるんですが、この 辺に ありますか。
홍야오 사가시떼룬데스가 고노 헨니 아리마스까

◆ 두 번째 모퉁이에서 왼쪽으로 도세요.

二つ目の 角を 左に 曲がりなさい。
후따쓰메노 가도오 히다리니 마가리나사이

02 버스를 이용할 때

◆ 버스 정류장은 어디인가요?

バス停は どこですか。
바스데이와 도꼬데스까

◆ 건너편에 있습니다.

向こう側に あります。
무꼬-가와니 아리마스

◆ 이 버스는 도쿄 역까지 가나요?

この バスは 東京駅まで 行きますか。
고노 바스와 도-꾜- 에끼마데 이끼마스까

◆ 시내로 가려면 어느 버스를 타야 하나요?

市内に 行くには どの バスに 乗りますか。
시나이니 이꾸니와 도노 바스니 노리마스까

◆ 이 버스 지브리 미술관까지 가나요?

この バス、ジブリ美術館まで 行きますか。
고노 바스, 지브리 비쥬쓰깡마데 이끼마스까

◆ 네, 갑니다.

はい、行きます。
하이 이끼마스

◆ 오사카행 버스는 어디에서 탑니까?

大阪行きのバスは どこで 乗りますか。
오-사까유끼노 바스와 도꼬데 노리마스까

◆ 곧장 가시면 있습니다.

まっすぐ 行ったら あります。
맛스구 잇따라 아리마스

◆ 오사카행 버스는 몇 번인가요?

大阪行きのバスは 何番ですか。
오-사까 유끼노 바스와 난방데스까

◆ 2번 버스를 타십시오.

2番のバスに お乗りなさい。
니반노 바스니 오노리 나사이

◆ 버스는 몇 분마다 있습니까?

バスは 何分ごとに ありますか。
바스와 난뿡고또니 아리마스까

◆ 5분마다 있습니다.

五分ごとに あります。
고훙고또니 아리마스

◆ 어디서 내려야 하나요?

どこで 降りますか。
도꼬데 오리마스까

◆ 다음에서 내리세요.

次で 降りて ください。
쓰기데 오리떼 구다사이

◆ 갈아타야 합니까?

乗り換えなければ なりませんか。
노리까에 나께레바 나리마셍까

◆ 버스 요금은 얼마인가요?

バスの 料金は いくらですか。
바스노 료–낑와 이꾸라데스까

◆ 이 버스는 오사카역을 지나가나요?

この バスは 大阪駅を 通りますか。
고노 바스와 오–사까에끼오 도–리마스까

◆ 어디에서 버스표를 사나요?

どこで 切符を 買いますか。
도꼬데 깃뿌오 가이마스까

◆ 이 버스 어디로 가는 겁니까?

この バスは どこ 行きですか。
고노 바스와 도꼬 유끼데스까

◆ 여기에 요금을 넣으면 됩니까?

ここに 料金を 入れれば いいんですか。
고꼬니 료–낑오 이레레바 이인데스까

◆ 여기가 내려야 할 곳인가요?

ここが 降りる ところですか。
고꼬가 오리루 도꼬로데스까

◆ 버스를 잘못 탔어요.

バスを 乗り間違えて しまいました。
바스오 노리마찌가에떼 시마이마시따

◆ 여기서 내려주세요.

ここで 降ろして ください。
고꼬데 오로시떼 구다사이

◆ 오사카에 가려면 이 버스가 편해.

大阪に 行くには この バスが 便利だよ。
오-사까니 이꾸니와 고노 바스가 벤리다요

◆ 버스는 좀처럼 시간대로 안와.

バスは なかなか 時間通りに 来ない。
바스와 나까나까 지깐 도-리니 고나이

◆ 버스 정류장까지 걸어서 5분입니다.

バス停まで 歩いて 五分です。
바스데이마데 아루이떼 고훈데스

03 지하철을 이용할 때

◆ 가장 가까운 역은 어디입니까?

一番 近い 駅は どこですか。
이찌방 지까이 에끼와 도꼬데스까

◆ 지하철 노선도를 주시겠습니까?

地下鉄の 路線図を ください。
지까데쓰노 로센즈오 구다사이

◆ 예, 여기 있어요.

はい、ここに あります。
하이, 고꼬니 아리마스

◆ 표는 어디에서 살 수 있습니까?

切符は どこで 買えますか。
깃뿌와 도꼬데 가에마스까

◆ 자동판매기로 살 수 있습니다.

自動販売機で 買えますよ。
지도-한바이끼데 가에마스요

◆ 자동매표기는 어디에 있습니까?

自動切符販売機は どこですか。
지도-깃뿌한바이끼와 도꼬데스까

◆ 이 자동판매기 사용법을 가르쳐 주시겠습니까?

この自動切符販売機の使い方を教えてくれますか。

코노 지도-깃뿌한바이키노 쓰까이카따오 오시에떼 구레마스까

◆ 먼저 돈을 넣고, 이 금액의 버튼을 누르십시오.

先にお金を入れて、この金額のボタンを押してください。

사끼니 오까네오 이레떼, 고노 깅가꾸노 보땅오 오시떼구다사이

◆ 신주쿠로 가려면 어느 선을 타면 됩니까?

新宿へ行くにはどの線に乗ればいいですか。

신주쿠에 이꾸니와 도노센니 노레바 이-데스까

◆ 2호선을 타세요.

二号線に乗りなさい。

니고-센니 노리나사이

◆ 신주쿠까지는 얼마입니까?

新宿まではいくらですか。

신쥬쿠마데와 이꾸라데스까

◆ 신주쿠 역까지 전철로 몇 분 걸립니까?

新宿駅まで電車で何分かかりますか。

신쥬쿠에끼마데 덴샤데 난뿡 가까리마스까

◆ 이 지하철은 신주쿠역에 갑니까?

この地下鉄は新宿駅に行きますか。

고노 지까데쓰와, 신쥬쿠에끼니 이끼마스까

◆ 신주쿠역은 몇 번째입니까?

新宿駅はいくつ目ですか。

신주쿠에끼와 이꾸쓰메데스까

◆ 어디서 갈아타면 좋겠습니까?

どこで 乗り換えれば いいですか。
도꼬데 노리까에레바 이-데스까

◆ 다음은 어디입니까?

次は どこですか。
쓰기와 도꼬데스까

◆ 어느 쪽으로 내려야 합니까?

どちら側から 降りますか。
도찌라가와까라 오리마스까

◆ 왼쪽 문으로 내려 주십시오.

左側の ドアから 降りてください。
히다리가와노 도아까라 오리떼구다사이

◆ 출구는 어디인가요?

出口は どこですか。
데구찌와 도꼬데스까

◆ 몇 분 간격으로 옵니까?

何分おきに 来ますか。
난뿡 오끼니 기마스까

◆ 택시보다 지하철이 빠릅니다.

タクシーより 地下鉄の ほうが 速いです。
다꾸시-요리 지까데쓰노 호-가 하야이데스

◆ 환승역은 어디입니까?

乗換駅は どこですか。
노리까에에끼와 도꼬데스까

04 열차를 이용할 때

◆ 나고야까지의 표를 구입하고 싶은데요.

名古屋までの 切符を 買いたいんですが。
나고야마데노 깃뿌오 가이따인데스가

◆ 일등석으로 주세요.

一等席を ください。
잇또- 세끼오 구다사이

◆ 특급으로 왕복료는 얼마입니까?

特急の 往復料はいくらですか。
돗뀨-노 오-후꾸료-와 이꾸라데스까

◆ 나고야까지 특급은 20,000엔입니다.

名古屋までの 特急は 20,000円に なります。
나고야마데노 돗뀨-와 2망엔니 나리마스

◆ 급행열차는 나고야역에서 섭니까?

急行列車は 名古屋駅で 止まりますか。
규-꼬-렛샤와 나고야에끼데 도마리마스까

◆ 몇 시에 나고야행 열차가 있습니까?

名古屋行きの 列車は 何時に ありますか。
나고야 유끼노 렛샤와 난지니 아리마스까

◆ 1시간마다 있습니다.
一時間毎に あります。
이찌지깡고또니 아리마스

◆ 나고야까지 몇 시간 걸립니까?
名古屋まで 何時間 かかりますか。
나고야마데 난지깐 가까리마스까

◆ 2시간 정도 걸립니다.
二時間くらい 掛かります。
니지깡구라이 가까리마스

◆ 이 열차는 예정대로 출발합니까?
この 列車は 予定通りですか。
고노 렛샤와 요떼이도-리데스까

◆ 나고야행 열차는 어디입니까?
名古屋行きの 列車は どこですか。
나고야유끼노 렛샤와 도꼬데스까

◆ 2번 홈은 어디입니까?
二番ホームは どこですか。
니방호-무와 도꼬데스까

◆ 2번 홈은 건너편에 있습니다.
二番ホームは 向こう側に あります。
니방호-무와   무꼬-가와니 아리마스

◆ 나고야에 몇 시에 도착합니까?
名古屋には 何時に 着きますか。
나고야니와 난지니 쓰끼마스까

◆ 미안합니다. 이 자리에 누가 있습니까?

すみません。この席に 誰か いますか。
스미마셍   고노 세끼니 다레까 이마스까

◆ 거기는 제자리입니다.

そこは 私の席です。
소꼬와 와따시노 세끼데스

◆ 표를 보여 주십시오.

乗車券を 拝見します。
죠-샤껭오 하이껜시마스

◆ 네, 여기 있습니다.

はい、どうぞ。
하이   도-조

◆ 열차를 놓쳤어요.

乗り遅れて しまいました。
노리오꾸레떼 시마이마시다

◆ 다음 열차는 몇 시인가요?

次の 列車は 何時ですか。
쓰기노 렛샤와 난지데스까

◆ 식당차는 딸려 있습니까?

食堂車は ついて いますか。
쇼꾸도-샤와 쓰이떼 이마스까

◆ 더 이른 열차가 있나요?

もっと 早い 列車が ありますか。
못또 하야이 렛샤가 아리마스까

◆ 급행열차가 있나요?
急行列車が ありますか。
규-꼬- 렛샤가 아리마스까

◆ 급행열차는 나고야역에서 섭니까?
急行列車は 名古屋駅で 止まりますか。
규-꼬-렛샤와 나고야에끼데 도마리마스까

05 택시를 이용할 때

◆ 택시 승강장은 어디에 있습니까?

タクシー乗り場は どこですか。
다꾸시-노리바와 도꼬데스까

◆ 택시는 어디서 잡을 수 있습니까?

タクシーは どこ で拾えますか。
다꾸시-와 도꼬데 히로에마스까

◆ 택시!

タクシー！
다꾸시!

◆ 어디까지 모셔드릴까요?

どちらまででしょうか。
도찌라마데데쇼-까

◆ 힐튼 호텔로 가주세요.

ヒルトンホテルまで お願いします。
힐튼호떼루마데 오네가이시마스

◆ 트렁크를 열어주세요.

トランクを 開けて ください。
도랑꾸오 아께떼 구다사이

204

◆ 이 짐을 트렁크에 넣어주시겠어요?

この 荷物を トランクに 入れてもらえますか。

고노 니모쓰오 도랑꾸니 이레떼모라에마스까

◆ 이 주소로 가 주십시오.

この 住所まで お願いします。

고노 쥬-쇼마데 오네가이시마스

◆ 네, 알겠습니다.

はい、かしこまりました。

하이 가시꼬마리마시따

◆ 하네다 공항으로 가 주세요. 얼마나 걸릴까요?

羽田空港へ お願いします。どのくらい かかりますか。

하네다구-꼬에 오네가이시마스. 도노구라이 가까리마스까

◆ 9시까지 도착할 수 있을까요?

九時までに 着くでしょうか。

구지마데니 쓰꾸데쇼-까

◆ 지금 교통이 막혀서 1시간 정도 걸립니다.

今 渋滞で 一時間くらい かかります。

이마 쥬-따이데 이찌지깡구라이 가까리마스

◆ 최대한 빨리 가 주세요.

なるべく 急いで ください。

나루베꾸 이소이데 구다사이

◆ 가장 가까운 길로 가주세요.

一番 近い 道を 選んで ください。

이찌방 지까이 미찌오 에란데 구다사이

◆ 조금 더 빨리 갈 수 없을까요?

もう少し 早く 行って もらえませんか。
모- 스꼬시 하야꾸 잇떼 모라에마셍까

◆ 여기서 오른쪽으로 돌아주세요.

ここを 右に 曲がってください。
고꼬오 미기니 마갓떼 구다사이

◆ 이제 다 왔습니까?

もうすぐ、着きますか。
모-스구, 쓰끼마스까

◆ 이제 다 왔습니다.

もうすぐ、着きます。
모-스구   스끼마스

◆ 좀 더 앞까지 가주세요.

もう少し 先まで 行ってください。
모-스꼬시 사끼마데 잇떼 구다사이

◆ 여기에서 세워주세요.

ここで 止めてください。
고꼬데 도메떼 구다사이

◆ 영수증이 필요하십니까?

レシートは 要りますか。
레시-또와 이리마스까

◆ 아니요, 필요 없습니다.

いいえ、要りません。
이-에 이리마셍

06 렌터카를 이용할 때

◆ 어디서 차를 빌릴 수 있습니까?

どこで 車を 借りられますか。
도꼬데 구루마오 가리라레마스까

◆ 예약은 하셨습니까?

予約は されていますか。
요야꾸와 시레떼이마스까

◆ 네, 했습니다.

はい、しています。
하이 시떼이마스

◆ 어떤 차가 있습니까?

どのような 車が ありますか。
도노요-나 구루마가 아리마스까

◆ 여러 종류의 차가 있습니다.

色々な 種類の 車が あります。
이로이로나 슈루이노 구루마가 아리마스

◆ 렌터카 목록을 보여주시겠어요?

レンタカーリストを 見せて もらえますか。
렌따카- 리스또오 미세떼 모라에마스까

◆ 어떤 자동차를 얼마동안 사용하실 겁니까?

どんな 車を どのくらい 使う 予定ですか。
돈나 구루마오 도노구라이 쓰까우 요떼이데스까

◆ 이 차를 3일간 빌리겠습니다.

この 車を 三日間 借ります。
고노 구루마오 밋까깡 가리마스

◆ 대형차가 있습니까?

大型車は ありますか。
오오가따샤와 아리마스까

◆ 중형차는 어떻습니까?

中型車は いかがですか。
쥬-가따샤와 이까가 데스까

◆ 요금은 하루에 얼마입니까?

料金は 一日で いくらですか。
료-낑와 이찌니찌데 이꾸라데스까

=一日当りの 料金は いくらですか。
이찌니찌아따리노 료-낑와 이꾸라데스까

◆ 좀 싸게 안 될까요?

もう少し 安く なりませんか。
모-스꼬시 야스꾸 나리마셍까

◆ 그 요금에 보험은 포함되어 있나요?

その 料金に 保険は 含まれて いますか。
소노 료낑니 호껭와 후꾸마레떼 이마스까

◆ 보험처리가 되나요?

保険処理が できますか。
호껭 쇼리가 데끼마스까

◆ 사용한 후에는 어떻게 돌려드리나요?

使った 後は どう 返しますか。
쓰깟따 아또와 도-가에시마스까

◆ 가솔린은 가득 채워서 돌려주나요?

ガソリンは 満タンに して 返すのですか。
가소링와 만땅니 시떼 가에스노데스까

◆ 면허증을 좀 보여주시겠어요?

免許証を 見せて いただけますか。
멩꾜쇼-오 미세떼 이따다께마스까

◆ 여기 있어요. 제 국제면허증이에요.

はい、どうぞ。私の 国際運転免許証です。
하이, 도-조. 와따시노 고꾸사이 운뗑 멩꾜쇼-데스

◆ 오토메틱 밖에 운전하지 못합니다.

オートマチックしか 運転できません。
오-또마찟꾸시까 운뗀데끼마셍

◆ 무슨 보험에 가입하시겠습니까?

どのような 保険に 加入しますか。
도노요-나 효껭니 가뉴-시마스까

◆ 종합보험에 들어주세요.

総合保険を かけて ください。
소-고-호껭오 가께떼 구다사이

07 자동차를 이용할 때

◆ 저는 초보 운전자입니다.
私は 初歩ドライバーです。
와따시와 쇼호 도라이바-데스

◆ 우에노 공원은 이 길로 가면 됩니까?
上野公園は この 道で いいんでしょうか。
우에노 고-엥와 고노 미찌데 이인데쇼-까

◆ 교차로에서 좌회전 하세요
交差点で 左側に 曲がって ください。
고-사뗀데 히다리가와니 마갓떼구다사이

◆ 도로지도는 있나요?
道路地図は ありますか。
도-로 지즈와 아리마스까

◆ 후지산까지 몇 킬로미터 입니까?
富士山まで 何キロですか。
후지산마데 낭끼로 데스까

◆ 차로 후지산까지 어느 정도 걸립니까?
車で 富士山まで どのくらい かかりますか。
구루마데 후지산마데 도노구라이 가까리마스까

◆ 어느 길로 가는 것이 가장 가깝나요?

どの 道を 通るのが 一番 近いの？

도노 미찌오 도-루노가 이찌방 지까이노

◆ 우회도로로 가는 게 가까워.

バイパスを 通った ほうが 近い。

바이빠스오 돗-따 호-가 지까이

◆ 타세요. 댁까지 모셔 드리지요.

乗ってください。お宅まで お供いたします。

놋떼 구다사이, 오다꾸마데 오토모이따시마스

◆ 안전벨트를 매세요.

シートベルトを 締めて ください。

시-토베루또오 시메떼 구다사이

◆ 조심해요. 도로가 좀 미끄러우니까.

気をつけて。道路が ちょっと 滑りやすいから。

기오 쓰게떼. 도-로가 좃또 스베리야스이까라

◆ 속도를 줄이세요.

スピードを 落として ください。

스삐-도오 오또시떼 구다사이

08 주유소에서

◆ 이 근처에 주유소가 있나요?

この近くに ガソリンスタンドは ありますか。
고노 지까꾸니 가소린스딴도와 아리마스까

◆ 여기에 주차해도 되나요?

ここに 車を 駐車しても いいですか。
고꼬니 구루마오 쥬-샤시떼모 이-데스까

◆ 10리터만 넣어주세요.

十リットルだけ 入れてください。
쥬-릿또루 다께 이레떼 구다사이

◆ 점점 휘발유가 다 떨어지고 있어.

そろそろ ガソリンが 切れかかって いる。
소로소로 가소링가 기레가깟데 이루

◆ 어떤 걸로 넣어 드릴까요?

どちらを 入れましょうか。
도찌라오 이레마쇼-까

◆ 보통입니까? 그렇지 않으면 고급입니까?

レギュラーですか。それとも ハイオクですか。
레규라-데스까. 소레또모 하이오꾸 데스까

◆ 주유구를 열어 주시겠어요?

タンクを開けて いただけますか。
당꾸오 아께떼 이따다께마스까

◆ 가득 채워 주세요.

満タンに して ください。
만딴니 시떼 구다사이

◆ 여기서 세차 할 수 있나요?

ここで 洗車できますか。
고꼬데, 센샤데끼마스까

09 카센터에서

◆ 시동이 안 걸려요.

エンジンが かからないんです。
엔징가 가까라나인데스

◆ 차에 어딘가 이상이 있나요?

車の どこかに 異常が ありますか。
구루마노 도꼬까니 이죠-가 아리마스까

◆ 엔진 오일을 점검해 주세요.

エンジンオイルを 点検して ください。
엔진 오이루오 뎅껜시떼 구다사이

◆ 펑크가 났는데 수리해 주세요.

パンクしたので、修理して ください。
빵꾸시따노데, 슈-리시떼 구다사이

◆ 배터리가 떨어졌는데, 충전해 주세요.

バッテリーが あがっちゃったので、充電して ください。
밧떼리-가 아갓짯따노데, 쥬-덴시떼 구다사이

◆ 타이어 공기압을 살려주세요.

タイヤの 空気圧を 調べて ください。
다이야노 구-끼아쓰오 시라베떼 구다사이

◆ 엔진 상태가 이상합니다. 봐주시겠어요?

エンジンの 調子が おかしいです。調べてください。

엔진노 쵸-시가 오까시-데스. 시라베떼 구다사이

◆ 브레이크가 잘 안 듣습니다.

ブレーキが よく 利きません。

부레-끼가 요꾸 기끼마셍

◆ 타이어의 공기 압력이 낮은 것 같습니다.

タイヤの 空気圧が 低いようです。

다이야노 구-끼아쓰가 히꾸이요-데스

부록

단어

월(月)

1월	一月	이찌가쯔
2월	二月	니가쯔
3월	三月	상가쯔
4월	四月	시가쯔
5월	五月	고가쯔
6월	六月	로꾸가쯔
7월	七月	시찌가쯔
8월	八月	하찌가쯔
9월	九月	구가쯔
10월	十月	쥬-가쯔
11월	十一月	쥬-이찌가즈
12월	十二月	쥬-니가쯔
몇월	何月	낭가쯔

주(曜日)

일요일	日曜日	니찌요-비
월요일	月曜日	게쓰요-비
화요일	火曜日	가요-비
수요일	水曜日	스이요-비
목요일	木曜日	모꾸요-비
금요일	金曜日	킹요-비

토요일	土曜日	도요-비
주말	週末	슈-마쓰

일(日)

1일	一日(ついたち)	쓰이따찌
2일	二日(ふつか)	후쓰까
3일	三日(みっか)	믹까
4일	四日(よっか)	욕까
5일	五日(いつか)	이쓰까
6일	六日(むいか)	무이까
7일	七日(なのか)	나노까
8일	八日(ようか)	요-까
9일	九日(ここのか)	고꼬노까
10일	十日(とうか)	도-까
11일	十一日(じゅういちにち)	쥬-이찌니찌
12일	十二日(じゅうににち)	쥬-니찌
13일	十三日(じゅうさんにち)	쥬-산니찌
14일	十四日(じゅうよんにち)	쥬-욘니찌
15일	十五日(じゅうごにち)	쥬-고니찌
16일	十六日(じゅうろくにち)	쥬-로꾸니찌
17일	十七日(じゅうしちにち)	쥬-시찌니찌
18일	十八日(じゅうはちにち)	쥬-하찌니찌

19일	十九日(じゅうくにち)	쥬-구니찌
20일	二十日(はつか)	하쯔까
21일	二十一日(にじゅういちにち)	니쥬-이찌니찌
25일	二十五日(にじゅうごにち)	니쥬-고니찌
30일	三十日(さんじゅうにち)	산쥬-니찌
며칠	何日(なんにち)	난니찌

숫자

1	一(いち)	이찌
2	二(に)	니
3	三(さん)	상
4	四(し、よん)	시, 용
5	五(ご)	고
6	六(ろく)	로꾸
7	七(しち)、七(なな)	시찌, 나나
8	八(はち)	하찌
9	九(きゅう、く)	규-, 구
10	十(じゅう)	쥬-
11	十一(じゅういち)	쥬-이찌
20	二十(にじゅう)	니쥬-
30	三十(さんじゅう)	산쥬-
40	四十(よんじゅう)	욘쥬-

50	五十(ごじゅう)	고쥬-
60	六十(ろくじゅう)	로꾸쥬-
70	七十(ななじゅう)、七十(しちじゅう)	나나쥬-, 시찌쥬-
80	八十(はちじゅう)	하찌쥬-
90	九十(きゅうじゅう)	큐-쥬
100	百(ひゃく)	햐꾸
1000	千(せん)、いっせん	센, 잇센
10000	一万(いちまん)	이찌망

〈고유어 숫자〉

한 개	一つ(ひとつ)	히또쯔
두 개	二つ(ふたつ)	후따쯔
세 개	三つ(みっつ)	밋쯔
네 개	四つ(よっつ)	욧쯔
다섯 개	五つ(いつつ)	이쯔쯔
여섯 개	六つ(むっつ)	뭇쯔
일곱 개	七つ(ななつ)	나나쯔
여덟 개	八つ(やっつ)	얏쯔
아홉 개	九つ(ここのつ)	고코노쯔
열 개	十(とお)	도-
몇 개	いくつ	이꾸쯔

〈방향을 나타내는 단어〉

위	上(うえ)	우에
가운데	中(なか)	나까
아래	下(した)	시따
왼쪽	左(ひだり)	히다리
오른쪽	右(みぎ)	미기
동쪽	東(ひがし)	히가시
서쪽	西(にし)	니시
남쪽	南(みなみ)	미나미
북쪽	北(きた)	기따
앞	前(まえ)	마에
뒤	後(うし)ろ	우시로
옆·가로	横(よこ)	요꼬

하루의 시간

아침	朝(あさ)	아사
낮	昼(ひる)	히루
저녁	夕方(ゆうがた)	유-가따
새벽	明(あ)け方(がた)	아께가따
오전	午前(ごぜん)	고젠
정오	正午(しょうご)	쇼-고
오후	午後(ごご)	고고

밤	夜(よる)	요루
오늘	今日(きょう)	쿄-
내일	明日(あした, あす)	아시따, 아스
어제	昨日(きのう)	기노-
하루 종일	一日中(いちにちじゅう)	이찌니찌쥬-
반나절	半日(はんにち)	한니찌
밤중	夜中(よなか)	요나까
시간	時間(じかん)	지깡
몇 시	何時(なんじ)	난지
오늘아침	今朝(けさ)	게사
오늘밤	今夜(こんや)	콩야

지시대명사

이것	これ	고레
그것	それ	소레
저것	あれ	아레
여기	ここ	고꼬
거기	そこ	소꼬
어느 것	どれ	도레
저기	あそこ	아소꼬
어디	どこ	도꼬
이쪽	こちら	고찌라

그쪽	そちら	소찌라
저쪽	あちら	아찌라
어느 쪽	どちら	도찌라
이 분	この方(かた)	고노가따
그 분	その方(かた)	소노가따
저 분	あの方(かた)	아노가따
어느 분	どの方(かた)	도노가따

계절

봄	**春(はる)**	하루
여름	**夏(なつ)**	나쯔
가을	**秋(あき)**	아끼
겨울	**冬(ふゆ)**	후유

시간표현

1시	いちじ	이찌지
2시	にじ	니지
3시	さんじ	산지
4시	よじ	요지
5시	ごじ	고지
6시	ろくじ	로꾸지
7시	しちじ	시찌지

8시	はちじ	하찌지
9시	くじ	구지
10시	じゅうじ	쥬-지
11시	じゅういちじ	쥬-이찌지
12시	じゅうにじ	쥬-니지
1분	いっぷん	입뿡
2분	にふん	니훙
3분	さんぷん	삼뿡
4분	よんふん	욘훙
5분	ごふん	고훙
6분	ろくふん	로꾸훙
7분	ななふん	나나훙
8분	はちふん	하찌훙
9분	きゅうふん	규-훙
10분	じっぷん	짓뿡
20분	にじっぷん	니짓뿡
몇 시	何時(なんじ)	난지
7시 15분	7時(しちじ)15分(じゅうごふん)	시찌지 쥬-고훙

가족관계

아버지	お父(とう)さん	오또-상

어머니	お<ruby>母<rt>かあ</rt></ruby>さん	오까-상
할아버지	お<ruby>祖父<rt>じい</rt></ruby>さん	오지-상
할머니	お<ruby>祖母<rt>ばあ</rt></ruby>さん	오바-상
삼촌	<ruby>叔父<rt>おじ</rt></ruby>さん	오지상
고모	<ruby>叔母<rt>おば</rt></ruby>さん	오바상
형	お<ruby>兄<rt>にい</rt></ruby>さん	오니-상
누나	お<ruby>姉<rt>ねえ</rt></ruby>さん	오네-상
여동생	<ruby>妹<rt>いもうと</rt></ruby>	이모-또
남동생	<ruby>弟<rt>おとうと</rt></ruby>	오도-또
남편	<ruby>主人<rt>しゅじん</rt></ruby>	슈징
아내	<ruby>妻<rt>つま</rt></ruby>	쓰마
가족	<ruby>家族<rt>かぞく</rt></ruby>	가조꾸

쇼핑과 관련된 단어

가격	値段(ねだん)	네당
꽉 끼다	きつすぎ	기쯔스기
구두	靴(くつ)	구쓰

나들이복	晴(は)れ着(ぎ)	하레기
거스름돈	おつり	오쓰리
넥타이	ネクタイ	네꾸따이
겉 옷, 상의	上着(うわぎ)	우와기
면세점	免税店(めんぜいてん)	멘제이뗑
바지	ズボン	즈봉
백화점	デパート	데빠-또
사이즈	サイズ	사이즈
상가	商店街(しょうてんがい)	쇼-뗑가이
상점	商店(しょうてん)	쇼-뗑
상품	商品(しょうひん)	쇼-힝
슈퍼마켓	スーパー	스-빠
샌들	サンダル	산다루
세일 중	セール中(ちゅう)	세-루쮸-
쇼핑센터	ショッピングセンター	숍핑구센따-
손수건	ハンカチ	항까찌
속옷	下着(したぎ)	시따기
신발가게	靴屋(くつや)	구쯔야
신사복	紳士服(しんしふく)	신시후꾸
시장	市場(いちば)	이찌바
셔츠	シャツ	샤츠
스커트	スカート	스까-또

아동복	子供服(こどもふく)	고도모후꾸
여성복	婦人服(ふじんふく)	후징후꾸
어울리다	似合(にあ)う	니아우
와이셔츠	ワイシャツ	와이샤쓰
양말	靴下(くつした)	구쓰시따
양복	洋服(ようふく)	요-후꾸
옷	服(ふく)	후꾸
잠옷	寝巻(ねま)き	네마끼
작다	小(ちい)さい	지-사이
크다	大(おお)きい	오-끼-
재킷	ジャケット	쟈켓또
청바지	ジーパン	지-팡
탈의실	試着室(しちゃくしつ)	시챠꾸시쓰
코트	コート	고-또
포장마차	屋台(やたい)	야타이
할인	割引き(わりびき)	와리비끼
편의점	コンビニ	곤비니
블라우스	ブラウス	부라우스
딱 맞다	ぴったり	삣따리

전화

공중전화	公衆電話(こうしゅうでんわ)	고-슈-뎅와

교환	交換(こうかん)	고-깡
국제전화	国際電話(こくさいでんわ)	고꾸사이뎅와
다이얼	ダイヤル	다이야루
동전	コイン	코인
무선전화	無線電話(むせんでんわ)	무센뎅와
수화기	受話器(じゅわき)	쥬와끼
시내전화	市内電話(しないでんわ)	시나이뎅와
시외전화	市外電話(しがいでんわ)	시가이뎅와
전화번호	電話番号(でんわばんごう)	뎅와방고-
전화번호부	電話番号帳(でんわばんごうちょう)	뎅와방고-쬬-
전화 부스	電話(でんわ)ブース	뎅와브-스
전화 걸다	電話(でんわ)を 掛(か)ける	뎅와오 가께르
전화 받다	電話(でんわ)に 出(で)る	뎅와니 데루
전화 끊다	電話(でんわ)を 切(き)る	뎅와오 기루
전화카드	テレフォンカード	데레혼 가-도
자동응답전화	留守番電話(るすばんでんわ)	루스반뎅와
지역번호	地域番号(ちいきばんごう)	지이끼방고-
통화	通話(つうわ)	쓰-와
구내전화	構内電話(こうないでんわ)	고-나이뎅와
핸드폰	携帯(けいたい)	게이따이

식사와 관련된 단어

간장	醤油(しょうゆ)	쇼-유
고기	肉(にく)	니꾸
김밥	のりまき	노리마끼
김치	キムチ	기무찌
나이프	ナイフ	나이후
달다	あまい	아마이
닭고기	鶏肉(とりにく)	도리니꾸
돼지고기	豚肉(ぶたにく)	부따니꾸
라면	ラーメン	라-멘
마시다	飲(の)む	노무
맛있다	おいしい	오이시-
먹다	食(た)べる	다베르
맵다	辛(から)い	가라이
메뉴	メニュー	메뉴-
밥	ご飯(はん)	고항
생선	魚(さかな)	사까나
설탕	砂糖(さとう)	사또-
쇠고기	牛肉(ぎゅうにく)	규-니꾸
소금	塩(しお)	시오
식당	食堂(しょくどう)	쇼꾸도-
식초	酢(す)	스

시다	すっぱい	슷빠이
양념	調味料(ちょうみりょう)	쵸-미료-
야채	野菜(やさい)	야사이
음료	飲(の)み物(もの)	노미모노
음식	食(た)べ物(もの)	다베모노
음식점	レストラン	레스또랑
요리	料理(りょうり)	료-리
우동	うどん	우동
일식	和食(わしょく)	와쇼꾸
정식	定食(ていしょく)	데이쇼꾸
초밥	寿司(すし)	스시
튀기다	揚(あ)げる	아게루
튀김	天(てん)ぷら	덴뿌라
포크	フォーク	호-꾸
싱겁다	水(みず)っぽい	미즛뽀이
맛없다	まずい	마즈이

병원

건강	元気(げんき)	겡끼
간호사	看護婦(かんごふ)	캉고후
구급차	救急車(きゅうきゅうしゃ)	큐-뀨-샤
내과	内科(ないか)	나이까

병원	病院(びょういん)	뵤-잉
보험증	保険証(ほけんしょう)	호껜쇼-
부상	負傷(ふしょう)	후쇼-
부인과	婦人科(ふじんか)	후징까
부작용	副作用(ふくさよう)	후꾸사요-
수술	手術(しゅじゅつ)	슈쥬쯔
소아과	小児科(しょうにか)	쇼-니까
안과	眼科(がんか)	강까
의사	医者(いしゃ)	이샤
외과	外科(げか)	게까
이비인후과	耳鼻咽喉科(じびいんこうか)	지비인고-까
입원	入院(にゅういん)	뉴-잉
응급치료	応急手当て(おうきゅうてあて)	오-뀨-데아떼
전문의	専門医(せんもんい)	센몽이
주사	注射(ちゅうしゃ)	쥬-샤
종합병원	総合病院(そうごうびょういん)	소-고-뵤-잉
진료소	診療所(しんりょうしょ)	신료-쇼
증상	症状(しょうじょう)	쇼-죠-
진단서	診断書(しんだんしょ)	신단쇼
진찰실	診察室(しんさつしつ)	신사쓰시쯔
정형외과	整形外科(せいけいげか)	세이께이-게까
처방전	処方箋(しょほうせん)	쇼호-셍

치과	歯科(しか)	시까
피부과	皮膚科(ひふか)	히후까
혈액검사	血液検査(けつえきけんさ)	게쯔에끼겐사

증상

가렵다	かゆい	가유이
골절	骨折(こっせつ)	곳세쯔
구토	吐(は)き気(け)	하끼께
귀가 아프다	耳(みみ)が 痛(いた)い	미미가 이따이
기침	せき	세끼
당뇨병	糖尿病(とうにょうびょう)	도-뇨-뵤-
따끔따끔하다	ひりひりする	히리히리스루
두드러기	じんましん	진마싱
두통	頭痛(ずつう)	즈쯔-
목이 아프다	喉(のど)が 痛(いた)い	노도가 이따이
무좀	水虫(みずむし)	미즈무시
변비	便秘(べんぴ)	벤삐
복통	腹痛(ふくつう)	후꾸쯔-
불면증	不眠症(ふみんしょう)	후민쇼-
설사	下痢(げり)	게리
식중독	食中毒(しょくちゅうどく)	쇼꾸쥬-도꾸
심장병	心臓病(しんぞうびょう)	신조-뵤-

아프다	いたい	이따이
암	癌(がん)	강
열	熱(ねつ)	네쯔
영양실조	栄養失調(えいようしっちょう)	에이요-싯쬬-
유행성독감	インフルエンザ	인후루엔쟈
이가 아프다	歯(は)が痛(いた)い	하가 이따이
전염병	伝染病(でんせんびょう)	덴센뵤-
천식	喘息(ぜんそく)	젠소꾸
충치	虫歯(むしば)	무시바
타박상	打撲傷(だぼくしょう)	다보꾸쇼-
폐렴	肺炎(はいえん)	하이엥
화상	やけど	야께도
현기증	めまい	메마이

은행

계좌이체	口座(こうざ)引(ひ)き落(お)とし	고-자히끼오또시
계좌번호	口座番号(こうざばんごう)	고-자방고-
담보	担保(たんぽ)	단뽀
대출	貸付(かしつけ)	가시쓰께
당좌예금	当座預金(とうざよきん)	도-자요낑
보통예금	普通預金(ふつうよきん)	후쯔-요낑
비밀번호	パスワード	빠스와-도

수표	小切手(こぎって)	고깃떼
신용카드	クレジットカード	구레짓또가ー도
신용대출	信用(しんよう)貸付け(かしつけ)	신요ー가시쓰께
신용한도	信用(しんよう)限度(げんど)	신요ー겐도
신용조회	信用照会(しんようしょうかい)	신요ー쇼ー까이
신원보증인	身元保証人(みもとほしょうにん)	미모또호쇼ー닝
여행자수표	トラベラーズチェック	도라베라ー즈쳇꾸
예금주	預金者(よきんしゃ)	요낀샤
은행	銀行(ぎんこう)	깅꼬ー
은행수수료	銀行手数料(ぎんこうてすうりょう)	깅꼬ー데스ー료ー
이자	利息(りそく)	리소꾸
인출하다	引(ひ)き出(だ)す	히까다스
저축하다	貯金(ちょきん)する	쵸낑스루
저축예금	貯蓄預金(ちょちくよきん)	쵸찌꾸요낑
정기예금	定期預金(ていきよきん)	데이끼요낑
카드입금	カード入金(にゅうきん)	가ー도뉴ー낑
통장정리	通帳(つうちょう)の 整理(せいり)	쯔ー쬬ー노 세이리
통장입금	通帳入金(つうちょうにゅうきん)	쯔ー쬬ー뉴ー낑
환전	両替(りょうがえ)	료ー가에
현금	現金(げんきん)	겡낑

신체

머리	頭(あたま)	아따마
머리카락	髪(かみ)	가미
이마	額(ひたい)	히따이
눈썹	眉毛(まゆげ)	마유게
눈	目(め)	메
얼굴	顔(かお)	가오
피부	皮膚(ひふ)	히후
코	鼻(はな)	하나
귀	耳(みみ)	미미
입	口(くち)	구찌
입술	唇(くちびる)	구찌비루
이	歯(は)	하
혀	舌(した)	시따
목	首(くび)	구비
목구멍	喉(のど)	노도
가슴	胸(むね)	무네
어깨	肩(かた)	가따
팔	腕(うで)	우데
팔꿈치	肘(ひじ)	히지
배	腹(はら)	하라
배꼽	へそ	헤소

허리	腰(こし)	고시
엉덩이	お尻(しり)	오시리
손목	手首(てくび)	데꾸비
손	手(て)	데
손톱	爪(つめ)	쓰메
손가락	指(ゆび)	유비
다리	足(あし)	아시
무릎	膝(ひざ)	히자
발목	足首(あしくび)	아시꾸비

우체국

국제우편	国際郵便(こくさいゆうびん)	고꾸사이유-빙
그림엽서	絵(え)ハガキ	에하가끼
기념우표	記念切手(きねんきって)	기넹깃떼
내용물	内容物(ないようぶつ)	나이요-부쓰
등기우편	書留郵便(かきとめゆうびん)	가끼도메유-빙
무게	重(おも)さ	오모사
빠른우편	速達郵便(そくたつゆうびん)	소꾸다쯔유-빙
발신인	発信人(はっしんにん)	핫신닝
보통우편	普通郵便(ふつうゆうびん)	후쯔-유-빙
소포	小包(こづつみ)	고즈쯔미
속달	速達(そくたつ)	소꾸다쓰

수취인	受取人(うけとりにん)	우께또리닝
엽서	はがき	하가끼
우체국	郵便局(ゆうびんきょく)	유-빙교꾸
우체통	ポスト	뽀스또
우편물	郵便物(ゆうびんぶつ)	유-빈부쯔
우편번호	郵便番号(ゆうびんばんごう)	유-빈방고-
우편요금	郵便料金(ゆうびんりょうきん)	유-빈료-낑
우표	切手(きって)	깃떼
주소	住所(じゅうしょ)	쥬-쇼
편지	手紙(てがみ)	데가미
항공우편	航空郵便(こうくうゆうびん)	고-꾸-유-빙

감정의 표현

기뻐하다	喜(よろこ)ぶ	요로꼬부
좋아하다	好(この)む	고노무
즐겁다	楽(たの)しい	다노시-
감사하다	感謝(かんしゃ)する	간샤스루
재미있다	面白(おもしろ)い	오모시로이
기분이 좋다	気分(きぶん)が いい	기붕가 이-
기분이 나쁘다	気分(きぶん)が 悪(わる)い	기붕가 와루이
안심하다	安心(あんしん)する	안신스루
슬퍼하다	悲(かな)しむ	가나시무

절망하다	絶望(ぜつぼう)する	제쓰보-스루
행복하다	幸(しあわ)せだ	시아와세다
흥분하다	興奮(こうふん)する	고-훈스루
걱정하다	心配(しんぱい)する	신빠이스루
감동하다	感動(かんどう)する	간도-스루
의심하다	疑(うたが)う	우따가우
애달프다	切(せつ)ない	세쓰나이
싫어하다	嫌(きら)いだ	기라이다
불쾌하다	不愉快(ふゆかい)だ	후유까이다
만족하다	満足(まんぞく)する	만조꾸스루
유감이다	残念(ざんねん)だ	잔넨다
불쌍하다	かわいそうだ	가와이소-다
난처하다	困(こま)る	고마루
후회하다	後悔(こうかい)する	고-까이스루
당황하다	戸惑(とまど)う	도마도우
증오하다	憎(にく)む	니꾸무
원망하다	恨(うら)む	우라무
가엾다	かわいそうだ	가와이소-다
고민하다	悩(なや)む	나야무
아쉽다	惜(お)しい	오시이
화나다	腹(はら)が 立(た)つ	하라가 다쓰
분하다	悔(くや)しい	구야시-

놀라다	驚(おどろ)く	오도로꾸
겁나다	恐(おそ)ろしい	오소로시-
긴장하다	緊張(きんちょう)する	긴쬬-스루
불안하다	不安(ふあん)だ	후안다
두렵다	恐(おそ)ろしい	오소로시-
무서워하다	怖(こわ)がる	고와가루

컴퓨터와 관련된 단어

검색	検索(けんさく)	겐사꾸
마우스	マウス	마우스
데이터	データ	데-따-
메일을 보내다	メールを 送(おく)る	메이루오 오꾸루
모니터	モニター	모니타-
모뎀	モデム	모데므
버전	バージョン	바-죤
복사	コピー	고피-
바이러스	ウイルス	위르스
백업	バックアップ	밧꾸앗뿌
본체	本体(ほんたい)	혼따이
부팅하다	立(た)ち上(あ)げる	다찌아게르
스크린	スクリーン	스꾸린
스피커	スピーカー	스삐-까-

소프트웨어	ソフト	소후또
스캔	スキャン	스캰
삭제	削除(さくじょ)	사꾸죠-
설치하다	設置(せっち)する	셋찌스루
저장	保存(ほぞん)	호종
접속	接続(せつぞく)	세쓰조꾸
전자메일	電子(でんし)メール	덴시메이루
입력	入力(にゅうりょく)	뉴-료꾸
워드프로세서	ワープロ	와-뿌로
키보드	キーボード	기-보-도
컴퓨터	コンピューター	곤쀼-따
프린터	プリンタ	뿌린따-
출력	出力(しゅつりょく)	슈쯔료꾸
하드웨어	ハード	하-도
하드디스크	ハードディスク	하-도디스꾸

학교와 관련된 단어

출석하다	出席(しゅっせき)する	슛세끼스루
시험	試験(しけん)	시껭
성적	成績(せいせき)	세이세끼
중간고사	中間試験(ちゅうかんしけん)	쥬-깡시껭
기말시험	期末試験(きまつしけん)	기마쯔시껭

전공	専攻(せんこう)	셍꼬-
학교	学校(がっこう)	각꼬-
초등학교	小学校(しょうがっこう)	쇼-각꼬-
중학교	中学校(ちゅうがっこう)	쥬-각꼬-
고등학교	高校(こうこう)	고-꼬-
대학교	大学校(だいがっこう)	다이각꼬-
동창생	同窓生(どうそうせい)	도-소-세이
대학원	大学院(だいがくいん)	다이가꾸잉
학위	学位(がくい)	가꾸이
공학	工学(こうがく)	고-가꾸
경제학	経済学(けいざいがく)	게이자이가꾸
경영학	経営学(けいえいがく)	게이에이가꾸
재정학	財政学(ざいせいがく)	자이세이가꾸
법학	法学(ほうがく)	호-가꾸
정치학	政治学(せいじがく)	세이지가꾸
철학	哲学(てつがく)	데쓰가꾸
심리학	心理学(しんりがく)	신리가꾸
영문학	英文学(えいぶんがく)	에이붕가꾸
역사학	歴史学(れきしがく)	레끼시가꾸
건축학	建築学(けんちくがく)	겐찌꾸가꾸
수학	数学(すうがく)	스-가꾸
의학	医学(いがく)	이가꾸

물리학	物理学(ぶつりがく)	부쯔리가꾸
생물학	生物学(せいぶつがく)	세이부쯔가꾸

호텔과 관련된 단어

객실	客室(きゃくしつ)	갸꾸시쯔
귀중품	貴重品(きちょうひん)	기쬬-힝
모닝콜	モーニングコール	모-닝그꼬-루
머물다	泊(と)まる	도마루
별관	別館(べっかん)	벳깡
벨보이	ベルボーイ	베루보-이
비상구	非常口(ひじょうぐち)	히죠-구찌
방	部屋(へや)	헤야
베개	まくら	마꾸라
숙박카드	宿泊(しゅくはく)カード	슈꾸하꾸가-도
싱글룸	シングル	싱구르루-무
세탁서비스	クリーニング サービス	구리닝구 사-비스
아침식사	朝(あさ)ごはん	아사고항
안내	案内(あんない)	안나이
에어컨	クーラー	꾸-라-
예약	予約(よやく)	요야꾸
옆방	隣(となり)の 部屋(へや)	도나리노 헤야
이불	おふとん	오후똥

열쇠	カギ	가기
	キー	키-
룸서비스	ルームサービス	루-무사-비스
지배인	支配人(しはいにん)	지하이닝
저녁식사	晩(ばん)ごはん	방고항
트윈룸	ツイン	쓰인루-무
체크인	チェックイン	쳇꾸인
체크아웃	チェックアウト	쳇꾸아우또
커피숍	コーヒーショップ	고-히-숏뿌
포터	ポーター	포-따-
프런트	フロント	후론또
호텔	ホテル	호떼루

교통과 관련된 단어

주차장	駐車場(ちゅうしゃじょう)	쥬-샤죠-
갈아타는 곳	乗(の)り換(か)え	노리까에
매표소	チケット売(う)り場(ば)	지껫또우리바
일방통행	一方通行(いっぽうつうこう)	잇뽀-쓰-꼬-
버스	バス	바스
택시	タクシー	다꾸시-
지하철	地下鉄(ちかてつ)	지까데쓰
자동차	自動車(じどうしゃ)	지도-샤

비행기	飛行機(ひこうき)	히꼬-끼
버스정류장	バス停(てい)	바스데이
합승	相乗(あいの)り	아이노리
터미널	ターミナル	다-미나루
입구	入(い)り口(ぐち)	이리구찌
출구	出口(でぐち)	데구찌
편도	片道(かたみち)	가따미찌
왕복	往復(おうふく)	오-후꾸
특급	特急(とっきゅう)	돗뀨-
급행	急行(きゅうこう)	큐-꼬-
건너시오	渡(わた)りなさい	와따리나사이
건너지 마시오	渡(わた)るな	와따루나
주차금지	駐車禁止(ちゅうしゃきんし)	쥬-샤긴시
화장실	トイレ	도이레
주유소	ガソリンスタンド	가소린스딴도
시각표	時刻表(じこくひょう)	지꼬꾸효-

직장과 관련된 단어

회사원	会社員(かいしゃいん)	가이샤잉
공무원	公務員(こうむいん)	고-무잉
의사	医者(いしゃ)	이샤
변호사	弁護士(べんごし)	벵고시

간호사	看護婦(かんごふ)	강고후
선생님	先生(せんせい)	센세이
배우	俳優(はいゆう)	하이유-
은행원	銀行員(ぎんこういん)	깅꼬-잉
비서	秘書(ひしょ)	히쇼
회장	会長(かいちょう)	가이쬬-
사장	社長(しゃちょう)	샤쬬-
대표이사	代表取締役(だいひょうとりしまりやく)	다이효-도리시마리야꾸
인사부장	人事部長(じんじぶちょう)	진지부쬬-
경리부장	経理部長(けいりぶちょう)	게이리부쬬-
차장	次長(じちょう)	지쬬-
과장	課長(かちょう)	가쬬-
봉급	給料(きゅうりょう)	규-료-
승진	昇進(しょうしん)	쇼-싱
해고	解雇(かいこ)	가이꼬
퇴직	退職(たいしょく)	다이쇼꾸
능력	能力(のうりょく)	노-료꾸
생산부장	生産部長(せいさんぶちょう)	세이상부쬬-
채용	採用(さいよう)	사이요-
응모자	応募者(おうぼしゃ)	오-보샤
운동선수	スポーツ選手(せんしゅ)	스뽀-쓰센슈

이력서	履歴書(りれきしょ)	리레끼쇼
면접	面接(めんせつ)	멘세쯔
고용주	雇主(やといぬし)	야또이누시
구직자	求職者(きゅうしょくしゃ)	규-쇼꾸샤
종업원	従業員(じゅうぎょういん)	쥬-교-잉